« ÇA FAIT QUOI D'ÊTRE MISS FRANCE ? »

L'envers du diadème

Sophie THALMANN

« ÇA FAIT QUOI D'ÊTRE MISS FRANCE ? »

L'envers du diadème

Michel LAFON

7-13, boulevard Paul-Émile-Victor - Île de la Jatte
92521 Neuilly-sur-Seine Cedex

À toutes les Miss
passées, présentes et
à venir.

LE CONTE DE FÉES

15 décembre 1998, hôtel Bristol, rue du Faubourg-Saint-Honoré, Paris.

Le directeur en personne me conduit à ma suite. Magique ! Le balcon à lui seul est plus grand que la cour de la maison de mes parents. Dès que mon accompagnateur a tourné les talons, j'arpente frénétiquement chaque pièce, le grand salon, les deux salles de bains que je vide de leurs échantillons de produits de beauté pour les garder en souvenir. J'ouvre tous les tiroirs de la chambre, visite le mini-bar, subtilise le papier à lettres à en-tête de l'établissement. Je sais, ce n'est pas très « classe » comme attitude, mais je ne suis qu'une gamine au pays des merveilles. Le petit chien que m'a confié une amie pour que je me sente moins seule me regarde m'agiter dans tous les sens, pas fâché que je m'écroule enfin dans un fauteuil, étourdie par les deux journées extraordinaires que je viens de vivre, tandis que résonne dans ma tête le verdict de la grande soirée : « Miss France est... Miss Lorraine ! »

Et Miss Lorraine, c'était moi ! Je suis la nouvelle Miss France ! Je n'en reviens toujours pas. Jamais je n'aurais pu croire, il y a deux ans à peine, à un tel conte de fées, moi la petite provinciale née voilà vingt et un ans à Bar-le-Duc, un gros bourg de la Meuse, et que jamais n'avait effleurée l'idée de devenir, un jour, une des « filles » de Mme de Fontenay...

*
* *

Quand j'étais enfant, j'habitais sur les hauteurs de la ville avec mes parents et mon frère Maxime, dans une HLM. Ma tante, qui résidait près de chez nous, me gardait lorsque mon père et ma mère travaillaient. Je ne voyais pas souvent papa. Il tient une auto-école et passe ses journées en voiture. Maman est couturière et n'a guère de temps libre, elle non plus. Ce qui ne les a jamais empêchés de veiller à ce que j'obtienne de bons résultats à l'école, et à ce que je sois « sage ». Pas de sorties en boîte avant dix-huit ans, pas de boums au-delà d'une heure raisonnable. Une éducation stricte, juste, et parfois sévère. Ce que j'ai pu enrager, dans ma chambre, lorsque mon frère, pourtant de trois ans mon cadet, avait l'autorisation d'aller s'amuser le soir ! Pour moi, pas question. Les devoirs avant tout ! Et inutile d'espérer échapper à la vigilance de mon père, puisqu'il sillonnait la ville du matin au soir avec ses cours de conduite... Une grande bringue comme moi, avec son mètre quatre-vingt-un, ça se remarque facilement, dans la rue.

J'ai donc toujours été, par la force des choses, une « élève sérieuse », ainsi que le confirment mes bulletins scolaires, meilleure en littérature et en art qu'en maths ou en sciences. Comme la plupart de mes copines bari-siennes, j'ai vécu une enfance et une adolescence tranquilles. Je faisais du dessin, de la danse, de la gymnastique et de l'équitation.

Puis je suis partie en fac d'audiovisuel, à Nancy. J'ai toujours voulu faire de la télévision, tout en sachant que les places y sont chères. On m'objectait qu'il s'agissait d'un métier à hauts risques ? Tant pis : il me plaisait. Le week-end, je regagnais Bar-le-Duc, où je retrouvais mes copains, ma famille, mon petit ami Laurent, et toute ma ménagerie : deux perruches, un canari, un poisson rouge, mon chat Homère, la chienne labrador Jackie, et Auteuil, un cheval qu'un couple d'amis m'autorisait à monter. Bref, une vie d'étudiante sans histoire.

Jusqu'au jour où – c'était très précisément le 24 avril 1996 (je ne risque pas d'oublier cette date charnière) –, la mère de Laurent, Nicole, prononça la petite phrase qui devait bouleverser mon existence :

– Tu sais que la Clé-de-Sol de Bar-le-Duc organise l'élection de Miss Meuse, samedi soir ?

– Oui, j'ai vu les affiches en ville. Il paraît que Miss France 96 viendra même nous rendre visite pour l'occasion, au supermarché Auchan. La pauvre ! Ce n'est pas un endroit très prestigieux pour la recevoir...

– Tu n'aimerais pas te présenter ?

– Vous êtes folle, Nicole ! Je n'ai aucune chance, et puis ça ne m'intéresse pas.

– Ah, écoute... Il y a quand même un voyage en Tunisie et une bague en diamant à gagner. Et tu es largement aussi jolie que les autres candidates...

Nicole a réussi à éveiller ma curiosité. Je consulte la presse locale, qui s'est mobilisée autour de l'événement. Les portraits des candidates s'étalent dans *L'Est Républicain*. Nicole a raison, je ne suis pas plus mal qu'une autre...

Mais j'ai peur de me lancer. Trop timide ? Crainte du ridicule ? Je vais en parler à mes parents ; j'aviserai ensuite. Au dîner, j'aborde donc le sujet :

– Vous savez quoi ? Nicole veut m'inscrire au concours d'élection de Miss Meuse...

Ma mère ne bronche pas. Mon père, lui, éclate de rire :

– C'est quoi cette histoire ? Tu ne vas pas faire ça ?

Je ne sais au juste ce que sous-entend cette réplique, mais son ton vaguement persifleur me fait l'effet d'une provocation. Ainsi donc, papa estime que je n'ai pas assez d'atouts pour concourir ? Eh bien on va voir ce que l'on va voir ! Ma décision est prise : je rencontrerai l'organisateur du gala. Il me dira si j'ai mes chances ou non. Après tout, c'est lui le spécialiste des reines de beauté, pas mes parents !

Samedi 27 avril 1996.

L'élection est pour ce soir. Ne connaissant toujours rien à ses modalités, je me rends de bon matin à la salle des fêtes. Je porte une salopette en jean, mes cheveux sont à peine coiffés, j'ai les joues rougies par la fraîcheur du matin : une vraie paysanne !

– Bonjour, je suis Sophie Thalmann. Mme Nicole N. m'a inscrite. Je viens juste voir comment cela se passe...

– Ah oui, Sophie, bonjour. Revenez cet après-midi avec une robe. Si vous n'en avez pas, voici l'adresse d'un magasin qui vous en prêtera une. On vous expliquera ensuite le déroulement de la soirée.

J'appelle immédiatement Céline, ma meilleure amie, pour une réunion « relookage » d'extrême urgence, devant le magasin en question. Là, je reconnais une des Miss dont le portrait figure dans *L'Est Républicain*. Une fille superbe, dont la vue remet aussitôt ma candidature en question.

– Je n'ai aucune chance, elle est trop belle. Regarde-moi !

– Mais enfin, Sophie, arrête de manquer de confiance en toi ! Tu te présentes, un point c'est tout, réplique Céline.

Dans le magasin, je ne trouve rien qui m'emballe. Nous filons donc chez Benetton. Je connais la vendeuse, avec qui j'ai travaillé quelquefois pour me faire de l'argent de poche. Nous nous mettons d'accord sur une petite robe blanche.

Comme convenu, je retourne à la salle des fêtes en milieu d'après-midi, ma robe pliée en quatre dans un sac en plastique. Les autres candidates sont déjà présentes, et habillées. Leurs tenues me paraissent magnifiques et toutes sont passées chez le coiffeur et l'esthéticienne... Je me fais l'effet du vilain petit canard égaré au milieu d'une couvée de cygnes ! Mes complexes resurgissent de plus belle, je suis prête à renoncer.

– Trop tard pour reculer ! me murmure l'organisatrice de l'élection, Elisabeth Christin, qui semble avoir deviné mon découragement.

J'apprendrai par la suite que ce n'était pas vrai : je pouvais encore refuser. Heureusement que je ne l'ai pas fait !

Je repars donc chez moi avec ma robe sous le bras. Cette fois, j'appelle à la rescousse ma cousine Sandrine, qui est coiffeuse. Je compte sur elle pour donner un aspect présentable à ma longue tignasse, et surtout pour m'aider à me maquiller, une grande nouveauté en ce qui me concerne. Sandrine, surexcitée, m'assure qu'elle ne louperait pour rien au monde cette aventure et qu'elle viendra m'épauler. Je suis heureuse de pouvoir compter sur sa présence car personne n'est au courant de mes intentions, surtout pas mes parents...

Quand je regagne la salle des fêtes pour les répétitions, je m'aperçois que j'ai oublié d'acheter des collants pour le défilé en maillot de bain. Je veux bien exhiber mes cuisses, mais si je peux atténuer la blancheur de ma peau, ce ne sera pas plus mal. Elisabeth Christin me prête sa voiture. Il est 19 heures. Je file à Auchan où je tombe sur... mes parents en train de faire leurs courses. Me voilà bien obligée de leur avouer mes projets pour la soirée. Ma mère sourit et me souhaite bonne chance. Mon père, lui, reste coi ! Je regrette un peu qu'ils n'assistent pas à l'événement, quoique... si je me casse la figure, autant que ce ne soit pas devant eux.

De retour à la salle des fêtes, collants en poche, je fais la connaissance de la fameuse Mme de Fontenay, accompagnée pour l'occasion par une équipe de l'émission *52 sur la Une*, de TF1, qui tourne un documentaire sur Miss France 96. C'est vraiment un personnage hors du commun à la fois intimidant et chaleureux. Sur le plan physique, elle ressemble trait pour trait à l'image que le public se fait d'elle. Même en coulisses, elle ne quitte jamais son célèbre chapeau, ni ses élégants tailleurs noir et blanc. D'un rapide coup d'œil, la « patronne » des Miss jauge ma robe, encore pliée dans son sac en plastique.

– Vous n'allez tout de même pas défiler avec ça ?

– Si. Je n'ai rien d'autre...

Mme de Fontenay empoigne alors mon sac, sort le vêtement, s'empare d'un fer à repasser... et le repasse elle-même ! Puis elle regarde mes mocassins d'un air désapprobateur.

– Vous n'avez pas de chaussures à talons ?

– Non. Je n'en porte jamais.

– Eh bien, il va falloir apprendre, si vous voulez devenir Miss. Attendez-moi là !

Une minute plus tard, elle revient vers moi, une paire d'escarpins à la main :

– Tenez, ce sont ceux de Miss Guadeloupe. C'est du 40. Ils devraient vous aller.

Ils sont en effet à ma taille. Mais je n'ai jamais marché avec de pareilles échasses et je suis sûre que je vais m'étaler de tout mon long au premier défilé.

Eh bien non ! Je ne m'étale pas, bien que je tremble comme une feuille. Mais je suis tellement intimidée que j'exécute mon premier passage devant l'assemblée du concours à une allure de marathonienne ! Devant un tel empressement à regagner les coulisses, tout le monde se met à rire... et à m'applaudir à tout rompre ! Miss France 96 me fait un clin d'œil approbateur : elle est sûre que je vais gagner.

Elle ne se trompe pas. Une heure plus tard, je suis la nouvelle Miss Meuse. À moi le voyage en Tunisie, et la bague en diamant ! J'apprends, dans la foulée, que je suis qualifiée d'office pour concourir au titre de Miss Lorraine en octobre. Bêtement, je craque et j'en pleure d'émotion. Merci Nicole ! Ma cousine Sandrine, encore plus excitée que cet après-midi, me saute au cou. Prévenue par téléphone, ma mère a elle aussi versé des larmes de joie. Je crois qu'elle était encore plus heureuse que si j'avais gagné au Loto ! Papa, lui, n'a pas exprimé d'émotion particulière.

Il est comme ça mon père, mais je pense qu'au fond il est très fier. Je signe mon premier autographe. D'autres suivront... Dès le lendemain, me voilà promue au rang de vedette locale. Ma photo trône dans le journal, en première page, avec comme légende : « La nouvelle Miss Meuse ! »

Tout auréolée de ce titre, je me présente à l'élection de Miss Lorraine en octobre 1996, à Toul. Mais le cœur n'y est pas. Est-ce parce que je viens de rompre avec Laurent ? J'arrive juste première dauphine, à seulement une voix de la gagnante, et toujours devant les caméras de *52 sur la Une*, qui assurent le reportage de l'élection.

Je ne suis même pas déçue. Je me dis au contraire que ce n'est pas plus mal : cette parenthèse se referme, je vais reprendre mes études, et le cours de ma vie ordinaire.

Seulement, lorsque TF1 diffuse le documentaire de *52 sur la Une*, je reçois un courrier monumental : « Représentez-vous ! Vous étiez la plus jolie. On voulait que vous gagniez. » Mme de Fontenay elle-même m'écrit un mot de regret... et d'encouragement : « Vous n'avez pas joué le jeu à fond. C'est dommage. Représentez-vous pour le titre de Miss Lorraine. Vous avez toutes vos chances. »

J'ai un an pour me décider, mais il ne me faudra que trois mois pour trancher. L'élection de Miss France 97, vue à la télévision, va servir de déclic. Miss Lorraine n'a même pas passé le cap des douze candidates sélectionnées pour le vote final... La cérémonie est splendide. J'envie le bonheur évident des participantes et plus encore celui de la gagnante, couverte de cadeaux. Dire qu'à une voix près j'aurais pu me tenir à leurs côtés ! Si seulement j'avais souri un peu plus, si j'avais eu un peu plus confiance en moi, je serais en ce moment de l'autre côté de l'écran. Or passer à l'intérieur de la lucarne, c'est quand même le rêve – professionnel – de ma vie.

Tout bien pesé, je vais me présenter à l'élection de Miss Lorraine en octobre 1997. Et pour mettre toutes les chances de mon côté, je me jure même de consacrer les mois qui viennent à faire attention à ma ligne. Gourmande comme je suis, l'effort risque d'être surhumain. Dans la foulée, je me promets aussi d'apprendre à marcher avec des chaussures à talons aiguilles en gardant le sourire. Une vraie révolution dans ma vie !

En fait, je voulais surtout devenir Miss Lorraine pour voyager et pour participer au moins une fois dans mon existence à une grande émission télévisée. Un premier contact avec le monde de l'audiovisuel, à la faveur duquel je pourrais rencontrer des professionnels, glaner des conseils voire, pourquoi pas, trouver un stage pour valider mon diplôme. Mais de là à coiffer le diadème de Miss France... Je ne l'imaginais même pas en rêve.

17 octobre 1997, Bar-le-Duc.

Je n'y croyais pas vraiment et pourtant c'est arrivé : ma deuxième tentative est couronnée de succès et je suis élue Miss Lorraine. J'ai gagné mon pari... et les cadeaux ! Je préviens immédiatement la faculté que je serai absente pendant quelques semaines, car je suis convoquée avec l'ensemble des concurrentes à Paris, afin de réaliser les photos de groupe et les portraits individuels, en robe et en maillot de bain, pour *Télé 7 Jours*, sponsor officiel de la soirée.

Dès notre arrivée dans la capitale, pas le temps de respirer ni de faire connaissance. Nous voilà prises en main par une armée de maquilleuses et de coiffeuses. Chacune observe discrètement les autres par miroir interposé. Imaginez quarante-cinq nanas qui se dévisagent mutuellement du coin de l'œil, à la recherche du moindre défaut ! J'ai l'impression d'être au milieu d'un poulailler de luxe dans lequel il va falloir s'imposer rapidement.

Première épreuve, la fameuse photo en maillot de bain, celle que tout le monde connaît, où l'on ressemble à une pin-up avec une main sur la hanche et le bassin légèrement incliné. Moi qui n'aime déjà pas m'exhiber en maillot – je suis bien trop pudique – me voilà affublée d'un ensemble « léopard » que l'on croirait conçu pour donner encore plus de volume aux fesses. Mon sens esthétique en prend un coup : j'ai assez de rondeurs comme ça, pourquoi en rajouter ? Toute tremblante, juchée sur mes talons de huit centimètres, je me campe maladroitement devant le photographe, amusé et attendri par tant de timidité. Clic-clac. La photo est dans la boîte. Je n'ai pas vraiment hâte de la voir publiée tant je redoute le pire. Et si j'arrêtais momentanément de me gaver de quiches lorraines et de gâteaux au chocolat ? Car on ne peut pas dire qu'en matière de régime, j'aie suivi mes bonnes résolutions de l'an dernier...

J'en suis là de mes réflexions lorsque je fais la connaissance de notre chaperon, Geneviève Leblanc, une femme à l'air assez sévère qui assure l'intérim pendant que Mme de Fontenay se dépense pour préparer l'élection de Miss France à Deauville, le 13 décembre prochain. Je sens déjà qu'entre ce « gendarme » et moi ce ne sera pas le grand amour. Elle doit nous emmener pendant trois semaines à Saint-Martin, afin de nous roder pour le défilé final. Car la machine est en route. Être Miss Lorraine implique pour moi de représenter ma chère province le 13 décembre. Et d'accepter l'éventualité d'être élue. D'ailleurs, aucune de nous ne quitte le studio avant d'avoir signé le contrat qui la liera, au cas où elle gagnerait, au Comité Miss France. Je le paraphe sans en prendre connaissance, certaine que je suis de ne pas franchir les premières éliminatoires.

Le départ pour Saint-Martin est prévu la semaine prochaine : nous réaliserons là-bas le clip de présentation qui accompagnera notre entrée en scène à Deauville. On nous a donné la liste des effets à emporter pour le séjour : on dirait un trousseau de colonie de vacances. Sept petites culottes, sept tee-shirts, des tenues de soirée, des cachets d'aspirine, des... suppositoires à la glycérine, et j'en passe ! Le Comité Miss France ne laisse rien au hasard et estime sans doute que peu d'entre nous savent faire une valise. Ce qui n'est peut-être pas si faux... Pour ma part, je compte bien emporter ce que je voudrai. Le côté régiment, très peu pour moi. Mais je ne suis pas au bout de mes surprises...

Aéroport Charles-de-Gaulle, quelques jours plus tard.

La salle d'embarquement de la compagnie AOM est en effervescence. Ça se bouscule autour des vitres. C'est qu'on n'a pas tous les jours officiellement à portée de vue ou d'objectif les quarante-cinq plus belles filles de France réunies sur quelques mètres carrés ! Plus question pour les voyageurs ou pour leurs accompagnateurs de flâner ou de tuer le temps en admirant le décollage des Boeing.

Les cent pas, ils les font autour de nous, les yeux rivés sur notre groupe.

L'avion nous enlève à ces regards concupiscents tel un envol d'oiseaux rares. Dès notre arrivée à Saint-Martin, on nous dirige vers notre hôtel. Dans le bus, nous entendons pour la première fois le refrain qui va rythmer notre séjour dans les îles. Car il y a aussi un « hymne » Miss France, qui serine : « Être un jour Miss, être un jour Miss France... » Pendant trois semaines, nous allons l'entendre du matin au soir : l'horreur. Pour un peu, je me croirais tombée dans une secte.

À peine arrivées à l'hôtel, nous devons exécuter un premier défilé devant la direction de l'établissement et les représentants locaux afin de bien marquer notre présence dans l'île. Après dix heures de vol ! Certaines filles, déjà rompues à la compétition, ont pris le temps d'enfiler de somptueux atours et de se maquiller pour s'attirer les premières salves d'applaudissements. Je n'ai pas le temps, ni l'envie d'ailleurs, de les imiter. Et puis il fait trop chaud pour mettre du fond de teint. J'enfile une petite jupe kaki et des Kickers jaunes. Finalement, avec un tel accoutrement, c'est moi qu'on risque de repérer ! Mais je sens, dès les premiers instants, qu'on ne va pas rigoler tous les jours. Heureusement, je partage ma chambre avec Séverine, Miss Lyon, une fille très gentille. Elle ne sera pas de trop pour me rassurer au milieu de cet univers de fous.

L'emploi du temps qui nous est réservé confirme mon pressentiment : ici, c'est l'armée. Chaque jour, lever entre 6 et 7 heures car les organisateurs souhaitent profiter au maximum de la lumière du matin pour nous filmer et nous photographier. Il nous faut donc, dès notre réveil, nous laver les cheveux, puis descendre au salon de beauté où une kyrielle de coiffeurs-maquilleurs s'occupent de nous. Nous sortons de là la tête hérissée de bigoudis, histoire de conserver au mieux nos mises en plis dans l'humidité ambiante. Pas très sexy, les Miss !

Pour s'épargner l'effort de retenir quarante-cinq noms et prénoms, et le même nombre de régions, le Comité Miss France a attribué à chacune de nous un numéro, comme dans la série *Le Prisonnier*. Me voilà rebaptisée « n° 25 ». J'ai tellement de mal à m'y habituer qu'il m'arrive régulièrement de ne pas répondre à l'appel, ce qui m'attire les foudres de Plou-Plou, le chorégraphe chargé de nous faire répéter le show. Il a un sale caractère et j'ai l'impression qu'il ne m'aime pas.

Ce séjour nous transforme toutes en hystériques. La moindre attention supplémentaire accordée à une fille, et les autres crient au favoritisme. Je n'échappe pas à ce travers. Ainsi, lorsque j'apprends que pour leur clip de présentation Miss Paris et Miss Camargue ont été invitées à une promenade à cheval dans un magnifique coin de l'île, je réclame la même faveur. Pourquoi pas moi ? J'adore ça et je sais monter. Mais non, ma scène de présentation, je l'effectuerai à l'entrée de l'hôtel, sur un banc, juste devant un plan de l'établissement. Et pourquoi pas au milieu des bagages ou dans les cuisines, tant qu'ils y sont ! Mon chauvinisme ne fait qu'un tour. J'ai l'impression que la Lorraine est condamnée d'avance à jouer les figurantes. D'ailleurs aucune représentante de ma région n'a remporté le titre depuis plus de vingt ans, je ne vois pas pourquoi cela changerait cette année. Les photographes de *Télé 7 Jours* n'ont pratiquement pas pris de photos de moi lors du séjour. Miss Flandre, Miss Martinique, Miss Pays du Velay, entre autres, ont passé leur temps devant les objectifs. Je nage en pleine paranoïa, convaincue d'être victime d'une supercherie monumentale.

Il ne me reste plus qu'à me consacrer à mon principal objectif : décrocher un stage dans une émission télé ou dans une société de production. Pour cela, une seule solution : me rapprocher des techniciens ou du réalisateur. Ça tombe bien, un des cadreurs a l'air très mignon... Seulement mon petit manège est vite repéré et l'on m'interdit, comme aux autres d'ailleurs, d'aller parler aux techniciens et même de prendre mes repas avec eux. Ce n'est pas ici que je trouverai du travail, mais au moins, j'ai compris une chose : je ne serai jamais cadreuse, le matériel pèse beaucoup trop lourd !

Au milieu de la semaine, on nous demande de répondre à une sorte de questionnaire de Proust, revu et corrigé. Il s'agit d'exprimer nos goûts musicaux, cinématographiques, littéraires, et de répondre à quelques questions plus personnelles. Faut-il enjoliver, cacher certaines choses pour s'attirer les faveurs du jury ? J'opte pour la sincérité, et la spontanéité. Certaines filles s'attellent à ce questionnaire comme si elles passaient le bac. Elles comparent même leurs réponses. Comme s'il y avait des réponses type, les unes bonnes, les autres mauvaises !

Décrivez votre chambre.

– Petite, deux fenêtres, un bureau, une chaîne hi-fi, une télé (très lumineuse), un grand lit.

Citez le dernier livre que vous avez lu.

– *L'homme qui murmurait à l'oreille des chevaux.*

Inutile de mentir. Je suis sûre que si je leur avais

répondu *La Philosophie selon Kant*, ils m'auraient demandé un résumé !

Avez-vous un flirt, un petit ami ? Si oui, son prénom.

– Olivier (c'est le successeur de Laurent).

Prenez-vous cette histoire au sérieux ?

– On verra, nous habitons très loin l'un de l'autre.

Toutes celles qui avaient peur de se faire éliminer ont menti à cette question. Aucune n'avait de petit ami ! Eh oui, on leur a tellement rabâché qu'une Miss France doit être libre et rester célibataire le temps de son contrat...

Pourquoi vous êtes-vous présentée à l'élection ?

– Parce que j'avais envie de vivre une expérience unique, et puis le destin a forcé les choses.

Si vous êtes élue, qu'est-ce que cela changera pour vous ? Qu'en espérez-vous ?

– Je pense que cela m'aiderait à avoir plus d'assurance et de confiance en moi. J'espère être amenée à rencontrer du monde et à profiter de tout ce qui me sera offert. Cela me permettrait également de me rapprocher du milieu audiovisuel et de trouver éventuellement un métier dans ce domaine.

Ce premier stage terminé, direction Deauville. La date fatidique se rapproche. Pendant deux semaines, nous allons répéter les chorégraphies de la soirée, apprendre à nous déplacer, à sourire, à poser, à devenir de vraies Miss, quoi ! Deux semaines pour entrer de plain-pied dans la compétition.

Dehors, il neige. Fini le soleil, même si nous n'avions pas le droit d'en profiter à Saint-Martin, à cause du maquillage. Ici, il n'y a qu'une chose à faire : bosser. Le Comité nous a même interdit de sortir de nos chambres de l'hôtel

Normandy. De toute façon, le soir, je n'ai qu'une envie : dormir. Car comme à Saint-Martin, le programme est militaire en diable : lever à 7 heures ; petit déjeuner en commun dans un vaste réfectoire ; répétitions dès 8 heures ou 8 h 30 au Centre international de Deauville (CID) où aura lieu la soirée. Il ne manque plus que l'uniforme ! On ne met quasiment jamais le nez dehors : l'hôtel est relié au CID par un couloir. Les déjeuners sont légers : poisson, pommes de terre à l'eau, dessert. Re-défilés tout l'après-midi, après quoi nous passons en général la soirée dans nos chambres, sauf sortie organisée par le Comité (il y en aura trois ou quatre tout au plus).

Une grande partie de nos journées est donc réservée à la répétition du show. Enfin, pour celles qui ont la chance de pouvoir répéter... ce qui n'est pas mon cas. Là encore, je me sens désavantagée. Comme je suis grande, je suis souvent placée au fond de la scène. Je passe donc dans les dernières. Or il faut savoir que lorsque l'une des filles n'exécute pas parfaitement la chorégraphie imposée, Plou-Plou lui fait tout recommencer depuis le début ! Je traîne ainsi parfois des journées entières à ne pas répéter et à jouer les observatrices. Huit heures à ne rien faire ! Et lorsque vient mon tour, il n'est pas rare que ce soit le moment d'arrêter...

Entre les filles, la pression monte. Des clans se forment, on s'envie, on se jalouse. Les organisateurs de la soirée sont sur des charbons ardents. J'ai envie de rentrer chez moi. Je suis sûre de ne pas aller au-delà de la première sélection, qui ne retient que douze candidates.

8 décembre 1997, Deauville.

Cette présélection, justement, doit se faire aujourd'hui, dans un CID encore désert. À cinq jours du grand événement, nous devons nous présenter devant un jury composé du Comité Miss France (Geneviève de Fontenay et Xavier, son fils), de Miss France 97, de Geneviève Leblanc (notre chaperon), du chorégraphe, du réalisateur, et des responsables des gros sponsors de l'événement (Pirelli, les montres Pequignet, Cymbeline, Saint-Algue). Le jury nous fait défiler une à une dans la robe de notre choix, puis dans le fameux maillot de bain « léopard ». On m'interroge sur mes réponses au « questionnaire de Proust », on me fait sourire, puis poser debout sur un plot, de face, puis dos au jury. Une vraie revue de détail... Ou de bétail plutôt ! J'ai quand même eu le temps de glisser au réalisateur mon désir de faire de la télé. J'espère qu'il retiendra le message.

C'est donc ce jury qui prend la responsabilité du premier écrémage. Mais aucune des quarante-cinq concurrentes ne connaîtra son verdict. Nous devons rester sous pression jusqu'à la soirée finale, afin de réagir naturellement quand nous apprendrons, devant le public, les résultats de ces premières éliminatoires. Les pronostics vont bon train. Le grand jeu consiste à cocher nos favorites sur la photo de groupe officielle de *Télé 7 Jours*. Je sélectionne mes douze lauréates. Je ne me mets pas dans la liste.

Tout le monde s'épie, se surveille. À la moindre réflexion de Geneviève de Fontenay, à la moindre remarque d'un membre du jury, à la moindre rumeur colportée par des journalistes, les filles reprennent le moral ou, au contraire, dépriment. Tout geste est interprété, souvent mal. Par exemple, parce que nul n'a remarqué mon absence lors d'une séance photo de groupe pour les programmes télé (je n'avais pas trouvé le courage d'enfiler la robe extravagante que l'on nous avait imposée : une sorte de tutu froufroutant, de ces trucs que je refusais déjà de porter à huit ans, quand je faisais de la danse), j'en déduis que personne ne croit en moi !

La somme de toutes ces contrariétés est nerveusement difficile à vivre. Nombreuses sont les filles qui craquent et pleurent. Je n'ai qu'une envie : revoir mes parents, mon frère et mes petits compagnons à plume et à poil. Ce soir enfin, le suspense va prendre fin. Nous sommes le 13 décembre 1997 et la France entière va bientôt élire sa Miss cuvée 1998.

*

* *

13 décembre 1997, Centre international de Deauville.

19 h 30. Dans une heure, ce sera la délivrance. L'heure du show, de l'élection finale. L'heure des regrets ou de la joie.

Excitées comme des puces, nous avons passé la journée à nous préparer. Mes parents, mes grands-parents, mon oncle, ma tante, Elisabeth et François Christin, mes délégués régionaux, plusieurs amis de la famille ainsi que le maire de Bar-le-Duc et sa femme, devraient être dans la salle. C'est en tout cas ce que m'a assuré mon frère au téléphone, cet après-midi. Lui seul manquera à l'appel, faute de moyens. Il faut savoir que chacun paie sa place près de 1 000 francs pour cette soirée de gala, même les proches des candidates ! Ce n'est pas donné pour une famille modeste comme la mienne. J'ai bien dit à mes parents de rester devant leur poste – « vous ferez des économies » – mais ils n'ont rien voulu savoir. Alors, ils vont bientôt s'installer, revêtus de leurs plus beaux atours, sur les gradins de la salle de spectacle du CID. Toujours curieuse, je me suis faufilée dans la pièce avant d'entamer mes derniers préparatifs, afin de voir à quoi le décor d'une élection de Miss France ressemblait. Verdict : c'est immense. Et c'est là que j'ai réalisé que dans moins de deux heures je serais là, sur cette estrade que masque encore un rideau de velours, en train de participer au show que nous répétons depuis trois semaines. Devant toute cette assemblée et les caméras de télévision... Au secours !

Pour me rassurer, je m'accroche à ma certitude d'être battue. J'ai d'ailleurs expliqué à Maxime, après lui avoir promis de lui rapporter des photos de la cérémonie, qu'il ne raterait pas grand-chose, puisque je ne gagnerais pas ! Et je me répète que mes valises sont déjà bouclées, histoire de pouvoir m'éclipser plus vite, après mon élimination. Ça marche. Je retrouve mon calme et cette impression que l'enjeu de la soirée me concerne à peine. Je suis plutôt détendue, heureuse que tout ce cinéma prenne fin. D'ailleurs pourquoi m'inquiéterais-je du résultat de la compétition, alors que Mme de Fontenay elle-même vient de lancer à ma coiffeuse :

– Cachez-lui les oreilles, elle n'a pas de belles oreilles, elles sont décollées.

Sympa ! Notre Geneviève semble fâchée avec la diplomatie et la psychologie féminine. M'assener ça, à moi qui depuis mon plus jeune âge nourris un complexe sur mes

« feuilles de chou », et à une demi-heure d'un événement aussi important ! Si ce n'est pas la preuve que je suis d'ores et déjà exclue du palmarès, je n'y comprends plus rien. À moins que Mme de Fontenay n'apprécie pas ma décontraction et cherche à me remettre au même niveau de stress que les autres concurrentes. J'encaisse la critique sans piper mot et pars manger un morceau car la soirée risque d'être longue. Il n'y a pas foule au restaurant. Sans doute les autres filles préfèrent-elles ne rien avaler pour exhiber un ventre le plus plat possible. Pour moi, pas question de me laisser abattre. À défaut de terminer en beauté, au moins que ce soit l'estomac plein.

20 h 30.

Jean-Pierre Foucault est prêt. Générique de début. Dire que jusqu'à l'an dernier j'avais, comme des millions de Français, regardé l'élection à la télévision avec des amis. Et que je n'étais pas la dernière à hurler de rire lorsqu'une des malheureuses Miss pleurait, s'évanouissait, tremblait ou chutait. Et la Miss Lorraine, donc ! Jamais dans les douze dernières ! Avec les copines, on se disait : « Moi aussi je pourrais y aller, je pourrais gagner, t'as vu la tête de Miss Lorraine ? » et on s'amusait à faire des pronostics. Ce soir, je comprends ces défaillances en direct. Un rien pourrait me faire craquer, je le sens. Et je n'ai pas envie d'être à mon tour la risée des copains massés devant leur poste. Je les imagine. Ça doit être du délire, à Bar-le-Duc !

Premier passage, en robe folklorique lorraine... sans les sabots, remplacés par des ballerines noires. J'ai à peine fait trois pas sur scène que j'aperçois la table familiale. Je pensais bien que l'émotion aurait tôt ou tard raison de moi, mais pas si tôt. Les apercevoir tous là me fait monter les larmes aux yeux. Eux aussi doivent être émus à la vue de leur petite Sophie concourant pour le titre de Miss France ! Je n'ai pas le droit de les décevoir. Mais défiler avec les yeux embués, ce n'est pas simple. Je ne vois plus rien. La soirée commence bien ! Il faut absolument que je maîtrise mon émotion.

En coulisses, les commentaires vont bon train. Celles pour qui cette élection représente un aboutissement, un objectif majeur, sont tendues comme des arcs, prêtes à décocher une flèche verbale à la moindre remarque désobligeante. Les autres, comme moi, moins concernées par l'enjeu, ou moins sûres d'elles, profitent des temps morts pour refouler leurs soupirs, voire leurs larmes.

Deuxième passage, cette fois-ci en maillot de bain « léopard », celui qui me fait un cul de déesse callipyge. Je rentre le ventre, bombe légèrement le torse, me redresse, et c'est reparti pour un tour de piste. À la table des Thalmann, on applaudit à tout rompre. Dans quelques minutes nous connaîtrons enfin l'identité des douze filles sélectionnées... il y a cinq jours.

Stupéfaction : je figure sur la liste ! Cela faisait des années qu'aucune Miss Lorraine n'avait franchi cet obstacle. Je lance un regard surpris à mes parents. Ils ne seront pas venus pour rien, non plus que le maire de Bar-le-Duc, qui se rengorge, fier comme un paon. En revanche, j'ose à peine regarder mes copines éliminées. Toutes ont conservé leur sourire figé pour les caméras. On nous a bien dit de le garder quoi qu'il arrive, mais je lis une immense détresse dans les yeux de certaines candidates. Dans quelques secondes, les coulisses vont se transformer en bureau des pleurs pour trente-trois filles désormais hors course. La règle du jeu est impitoyable.

Retour en coulisses. Pas le temps de consoler les perdantes. Je dois maintenant résoudre un problème. Plusieurs même ! Étant persuadée de ne pas figurer parmi les douze finalistes, je n'ai ni appris, ni pris la peine de répéter les chorégraphies avec talons hauts et chapeau sur la tête. Pas plus que je n'ai préparé de petit texte de présentation, comme on nous l'a pourtant recommandé. Quelle idiote ! Arriver si près du but et le rater faute d'y avoir cru !

En tout cas, il est trop tard. Le moment est venu de nous entretenir quelques secondes au micro avec Jean-Pierre Foucault. Comble de malchance : je passe la première.

– Miss Lorraine, présentez-vous.

– Je m'appelle Sophie Thalmann, j'ai vingt et un ans et je suis actuellement en licence d'audiovisuel à l'Institut européen du cinéma et de l'audiovisuel de Nancy.

– Pour... ?

– Prendre votre place !

Cette phrase m'est sortie de la bouche toute seule. En fait je voulais répondre à Jean-Pierre Foucault : « Faire comme vous. » Seulement, sur scène, j'avais si peur que ma langue a fourché. Tu parles d'un raccourci ! Jean-Pierre Foucault éclate de rire. Heureusement qu'il comprend la plaisanterie, ce qui ne semble pas être le cas de mes parents. À voir leur visage décomposé, je devine qu'ils pensent : ça y est, elle s'est sabordée !

De retour en coulisses, je m'écroule dans un fauteuil en me disant : « C'est fini pour moi. » Personne ne vient me parler de mon dérapage. Et pour cause, les filles n'ont pas entendu car le son ne fonctionne pas sur nos écrans de contrôle.

Mon naturel et cette repartie m'ont tout de même permis de placer bien malgré moi la barre très haut pour les concurrentes suivantes. Car si elles sont plutôt meilleures que moi pour la chorégraphie, leur texte préparé n'a pas le même impact que ma boutade involontaire.

Toutes les Miss sont passées. Le verdict tombe à nouveau : je fais partie des cinq dernières retenues pour la fin de la compétition, avec Véronique, Miss Martinique, Céline, Miss Flandre, Hinano, Miss Tahiti, et Anne, Miss Hainaut. Toutes sont plus jolies que moi. Là, je commence réellement à angoisser, car maintenant que la vraie compétition commence, je me prends au jeu. Vous me direz qu'il est grand temps. Un jury composé de personnalités diverses doit décider de notre sort. Je suis enfin résolue à me battre. Mais avec quels atouts ? Les coiffeurs s'acharnent sur mon chignon qui n'arrive pas à rester droit. Et la pire des épreuves m'attend : la descente d'escalier, en robe à traîne et en chapeau, avec des talons aiguilles. Et ce n'est pas le plus compliqué ! Ce passage représente en effet une sorte de « tableau vivant » avec cinq rôles distincts. Chacune d'entre nous est censée avoir appris tous ces rôles, puisque nous ne savions pas à l'avance lequel nous serait dévolu, ni même d'ailleurs s'il nous serait dévolu. Persuadée que je n'atteindrais jamais cette étape, je n'ai, bien sûr, pas répété ce tableau avant la cérémonie. Et je n'ai plus le temps de le faire. Une nouvelle fois, je passe la première. Il ne me reste plus qu'une solution : me remémorer les pas appris lors des trois semaines de préparation à Saint-Martin, me concentrer à fond, ne plus regarder personne, et me laisser guider par les violons.

Comme par magie, non seulement je ne tombe pas, mais j'exécute, me dira-t-on plus tard, une belle chorégraphie. L'honneur est sauf. Il n'y a plus qu'à attendre la décision du jury.

23 h 29.

Après une pause publicitaire, Jean-Pierre Foucault reprend le micro. Il joue son rôle à la perfection, passant en revue les cinq dernières prétendantes sans oublier de rappeler au passage que je brigue sa place, et faisant monter le suspense. Les photographes se sont agglutinés sur le devant de la scène, prêts à dégainer leurs appareils pour mitrailler la gagnante. Je regarde alors Miss Hainaut, et lui murmure, sincère :

– C'est toi qui vas gagner.

Les larmes aux yeux et à ma grande stupéfaction, elle me répond :

– Non, je ne veux pas !

Quelle panique cela mettra sur le plateau si elle reçoit la couronne et la refuse ! Pendant que j'imagine la scène, l'écrémage a déjà commencé parmi les cinq finalistes. En quelques secondes, nous ne sommes plus que deux en lice : Miss Martinique... et moi ! Ma concurrente est si jolie, longiligne, sexy, très à l'aise : je n'ai aucune chance de gagner.

– Miss France est... Miss Lorraine, Sophie Thalmann !

Là, il ne faut pas être cardiaque sinon c'est le SAMU ! J'ai à peine le temps d'éviter le collapsus qu'on m'a déjà passé l'écharpe en bandoulière et posé la couronne sur la tête. Un coup de chance, pour une fois : mon chignon ne me lâche pas. Je me surprends à ne pas éclater de joie, ni en sanglots. J'ai des larmes plein les yeux mais elles ne débordent pas. Heureusement pour mon maquillage... et pour les milliers de photos qui s'enchaînent. Je me rappelle l'espace d'un éclair une Miss qui avait vraiment sangloté et dont le nez coulait : depuis, la pauvre passe chaque année dans tous les bêtisiers télévisés... Pour le reste, je ne maîtrise plus grand-chose. Celles qui ont perdu sont toutes revenues sur scène, autour de moi, sourire aux lèvres – comme il se doit – mais beaucoup de tristesse dans les yeux. Je leur tends mon bouquet, leur dédie ma victoire. Je l'aurais bien également dédiée à mes parents, d'un regard, mais la horde de photographes massée devant moi m'empêche de les voir.

En une seconde je bascule dans un autre univers. Tout le monde me saute dessus et, pour des millions de personnes je deviens la fille la plus importante de France. Un tourbillon d'émotions et de bruits m'emporte. J'ai perdu mes parents dans la foule.

– Sophie, regarde-moi, fais-moi un beau sourire...

– Non, Sophie, regarde-moi...

Une centaine de photographes m'interpelle, on me mitraille dans tous les coins. Mes parents arrivent enfin à me rejoindre sur scène. Par pudeur, face aux deux mille personnes qui m'ovationnent, je n'ose pas me jeter dans leurs bras alors que j'en meurs d'envie. Je n'aime pas les effusions en public. Les photographes, déchaînés, m'immortalisent eu côté de M. Mougeotte, le directeur de TF1, venu me féliciter.

Je file enfin me réfugier en coulisses, immédiatement rattrapée par Doudou, le photographe de *Télé 7 Jours*, qui me serre dans ses bras :

– Alors, la Lorraine, je t'avais bien dit que tu avais tes chances !

Nous posons ensuite pour la traditionnelle photo de couverture du prochain numéro, celle où l'on se tient la main sur la hanche, le sourire Miss France aux lèvres, la couronne vissée sur la tête et le regard dans le vide tant on est ailleurs !

Mon grand-père, qui est arrivé lui aussi à se faufiler jusqu'à moi, éclate en sanglots. J'ai presque peur qu'il ne fasse un malaise.

– Ah, toi, tu nous en feras toujours voir de toutes les couleurs...

*
* *

À Bar-le-Duc, la soirée télé est terminée. L'émission de Jean-Pierre Foucault a pris fin à 23 h 30, mais pour nous, à Deauville, la nuit ne fait que commencer. À 2 heures du matin, je me retrouve à table au Normandy avec des membres du jury, mais toujours loin de mes parents occupés à répondre aux journalistes qui ne les lâchent pas. Et je ne suis pas près de les voir, car ils dîneront dans une autre salle. Insensé ! C'est donc moi qui me lève pour aller les retrouver. Ils sont fous de joie ; moi, je suis sur un nuage, le temps n'existe plus. Je souris aux photographes et réponds aux interviews jusqu'à 4 h 30 du matin.

Retour à l'hôtel à 5 heures. On ne peut pas dire que le personnel du Normandy manque d'à-propos ou de célérité : ma valise a déjà été transférée dans la suite présidentielle ! Je rêve de dormir, mais je n'en ai pas le temps. On m'attend dans deux heures pour de nouvelles photos et de nouvelles interviews. Je me contente donc d'un bon bain chaud délassant et déstressant, après quoi j'ai tout le loisir d'apprécier un somptueux petit déjeuner servi sur un plateau d'argent. Enfin, le loisir... Pas question de traîner. Déjà les maquilleuses frappent à ma porte, et tous les médias de France et de Navarre débarquent dans ma chambre à 8 heures pétantes. Ils sont tous là, les magazines de télé, *France Dimanche*, *Gala*, *Ici Paris*, *Paris Match*. Tous veulent leur photo de la Miss France fraîche et pimpante, allongée sur le lit et... couronne sur la tête. Et aussi dans son bain ! Dans mon bain ? Il faut que je me déshabille devant tout ce monde ? Je panique ! Où est Mme de Fontenay ? Elle doit être encore en train de dormir. L'attaché de presse du Comité n'est même pas là pour faire la police.

Impossible donc de refuser les photos. Les journalistes me disent que, chaque année, la tradition veut que l'on photographie la nouvelle Miss France dans sa baignoire. En maillot de bain, mais quand même. Comment savoir si c'est de l'info ou de l'intox ? En plus, chacun veut sa photo exclusive dans la baignoire et sur le lit. Personne n'a-t-il pensé à organiser une séance photo pour tout le monde ? Résultat : je passe la matinée à me mettre en robe sur le lit, puis en maillot de bain, sans que personne ne sorte de ma chambre pendant ces changements de tenue. Entre ces allées et venues, je n'ai même pas le temps d'embrasser mes parents égarés dans la suite devenue trop petite pour contenir tout le monde.

À midi, direction la plage. Pas pour me baigner, vous pensez bien ! En décembre, il fait plutôt froid à Deauville. Mais je dois enfiler la robe gagnée à l'élection, la blanche avec le bustier de dentelle bleu foncé, pour une nouvelle série de photos sur les planches. Non seulement, en robe de princesse sur une plage normande en décembre, on gèle, mais en plus, quand la robe n'est pas à vos mesures, il y a de quoi craquer. Je ne m'en prive d'ailleurs pas. Je coupe les bretelles qui me scient les épaules, je rembourre le bustier trop large pour ma poitrine avec deux gants de toilette, et le tour est joué : en route pour affronter le vent d'ouest !

C'est donc frigorifiée que j'arrive pour le déjeuner dans un endroit de rêve, la Ferme Saint-Siméon. Mme de Fontenay, son fils Xavier et l'attaché de presse sont déjà tranquillement attablés. Ils ont pu se reposer, eux ! Je leur dirais bien deux mots, à ces deux-là qui m'ont abandonnée aux griffes des journalistes, mais ce n'est pas le moment. J'ai un autre problème à résoudre : essayer de trouver, sans rien demander et sans passer pour une idiote, à quoi servent tous les couverts dressés devant moi. C'est la première fois que je pénètre dans un restaurant aussi luxueux. Je n'ai donc pas l'habitude d'avoir quatre verres, autant de fourchettes et de couteaux différents. J'observe discrètement comment Mme de Fontenay opère, et je l'imite... Apparemment, mon petit manège porte ses fruits, car elle ne me fait aucune réflexion (j'avoue que je redoutais un peu un cours de maintien sur le thème « maintenant que vous êtes Miss France, plus question de mettre vos coudes sur la table »).

Le déjeuner se déroule donc dans une ambiance détendue. Mme de Fontenay, ravie du bon déroulement de l'élection et des séances photo, est aux petits soins pour moi. En plus, comme elle aussi est lorraine, cela la réjouit tout particulièrement de voir que c'est une compatriote qui a remporté le titre national. Mais évidemment, tout cela l'excite beaucoup moins que moi : après tout, elle gère une cérémonie par an depuis une bonne trentaine d'années. La routine, quoi. Xavier se montre beaucoup moins expansif. À vrai dire, je le soupçonne d'accompagner sa mère avant tout pour bénéficier d'un bon repas aux frais de la princesse. Quant à moi, je m'intéresse surtout au succulent contenu de mon assiette. Ça change du resto U !

Cela dit, j'échangerais volontiers la moitié de mon dessert – pas plus : il est si bon ! – contre quelques heures de sommeil. Mais la sieste n'est pas au programme. Avant notre départ pour Paris, il me reste encore à enchaîner plusieurs séances photo, dont une dans une piscine. J'arrive à peine à garder les yeux ouverts tant je suis fatiguée. Je me demande bien à quoi vont ressembler ces clichés, et j'imagine la réaction des lecteurs qui les découvriront dans leur magazine :

– C'est ça, la Miss France ? Elle n'est pas géniale...

Cette journée marathon épuisante physiquement et moralement m'a tout de même permis de comprendre une chose importante : la raison pour laquelle j'ai été sélectionnée au départ. En effet, Miss France n'est pas forcément la plus belle des quarante-cinq concurrentes en compétition, c'est celle qui semble capable d'assumer au mieux la charge de travail et d'émotions qu'exige le rôle. À cet égard, les trois semaines de préparation initiale représentent un vrai test. C'est là que tout se joue. C'est à ce moment que le premier jury décide si l'on possède les capacités et la force de caractère nécessaires pour quitter parents et amis, endurer la fatigue inhérente à ce rôle, sourire en permanence et se montrer disponible et aimable en toute circonstance.

– C'est qu'une fois élue Miss France, il faut assurer, m'explique Geneviève de Fontenay.

Je crois l'avoir compris, mais j'ignore encore tout ce qu'elle entend par là.

21 heures.

Nous quittons Deauville et l'hôtel Normandy pour nous rendre à Paris dans un autre palace : le Bristol. Je rêve tout éveillée. Enfin, plutôt semi-éveillée, car je pique du nez dans la voiture.

Vers minuit, on me dépose rue du Faubourg-Saint-Honoré. J'ai beau être épuisée, la vue de cet établissement de luxe excite mes sens. Jamais je n'avais imaginé dormir un jour dans un tel endroit. Mon passage au Normandy ne compte pas : je n'ai même pas eu le temps de m'y assoupir.

Arrivée dans ma suite, je suis tellement émerveillée que je n'ai plus envie de dormir. J'investis la place, j'en prends plein les yeux, je me repais de belles images, je me fabrique des souvenirs... et je finis, enfin, par sombrer dans le sommeil.

À 9 heures du matin, le garçon d'étage apporte le petit déjeuner. Un service royal avec chariot et, comme à Deauville, plateau d'argent. Dessus : une motte de beurre frais emmaillotée dans une serviette, une coupe de fraises, des petits pots de confiture pour tous les goûts, des viennoiseries miniatures de toutes sortes, du jus d'orange, du lait, du café et, le must : une rose !

Je décroche immédiatement mon téléphone :

– Allô, Maman ? Devine où je suis ? Au Bristol, le grand hôtel. On vient de me servir mon petit déjeuner sur un plateau d'argent. Il faudrait que tu voies ça. C'est génial !

– Profites-en, ma grande ! Nous, nous venons de rentrer. Et ici, à Bar-le-Duc, c'est du délire. Nous n'avons même pas eu le temps de prendre une douche. Tout le monde débarque à la maison. À 5 heures du matin, les gens criaient dans la rue « Vive la Lorraine ! » Ils klaxonnaient non-stop. Ton père et moi, nous sommes crevés.

Là, je comprends soudain que je suis *vraiment* Miss France. Pas seulement la reine d'un soir, mais une sorte de concrétisation d'un challenge provincial, national, peut-être un peu absurde, naïf en tout cas, mais qui résonne dans le cœur des gens. Curieusement, cela m'émeut plus que je ne l'aurais cru.

Le directeur du Bristol m'a dit que, juste avant moi, la suite avait été occupée par Naomi Campbell. Je m'étire dans mon immense lit, le fameux *king size* américain. Et aussitôt, le rêve reprend ses droits.

Je m'apprête à passer une année de princesse...

L'ENVERS DU DIADÈME

RETOUR SUR TERRE

Mercredi 7 janvier 1998, stand Pirelli, Salon de l'ameublement de la Porte de Versailles, 15 heures.

Boum ! Le saut de l'ange. J'ai rêvé au Bristol, la tête dans les étoiles, sur le lit de Naomi Campbell, me voici redescendue en chute libre au milieu des matelas Pirelli. Il faudrait peut-être vous remettre dans la tête, mademoiselle Thalmann, que le statut de Miss France n'implique pas seulement de parader pour les médias. Vous devez aussi vous exhiber dans les foires. Vous avez un contrat, oui ou non ? Vous vous imaginiez peut-être que les trois semaines narcissiques que vous venez de passer allaient durer toujours ?

Écharpe tricolore en bandoulière et couronne vissée sur la tête, j'ai vécu tout ce temps entourée de photographes et de journalistes. Je connais maintenant les plateaux de toutes les émissions de télé, les studios des stations de radio, et je serais presque capable d'éclairer un néophyte sur les différents types de magnétophone dont se servent les rédacteurs des journaux qui m'ont interviewée tant on en a brandi sous mon nez. Et attention : pas question de refuser un entretien, sous peine de voir surgir Mme de

Fontenay ou son fils pour vous rappeler à l'ordre. Le Comité Miss France n'admet pas les caprices de vedette – une bonne façon de vous faire comprendre que vous n'en êtes pas une, et de vous remettre la tête sur les épaules.

Maintenant au travail, Miss France ! Pas de caméras, pas de micros : juste la foule des visiteurs et des acheteurs potentiels, pour lesquels je représente juste un bel ornement de vitrine. Me voici exposée, il n'y a pas de terme plus approprié, sur le stand Pirelli au Salon de l'ameublement de Paris. Et pas seulement pour une heure ou deux : on m'a engagée pour cinq jours pleins, de 9 heures à 17 heures, sourire Miss France en travers du visage, écharpe en bandoulière, cinq jours à rester sagement assise sur une banquette au milieu des meubles.

Notez bien que je ne vois pas de quoi je me plaindrais, puisque pour m'exhiber sur ce stand pendant une semaine « ouvrable », on me paie environ 13 000 francs, commission du Comité déduite. Soit 2 500 francs par jour, le tarif moyen d'une Miss France en exercice. Je ne gagnais même pas ça en un mois quand je bossais l'été comme caissière à Auchan. Et puis la direction de Pirelli est aux petits soins pour moi. Tous les jours un superbe bouquet de fleurs et un magnum de champagne m'attendent dans ma chambre du Sofitel. En contrepartie, je n'ai que deux choses à faire : dédicacer des photos et me montrer aimable avec tout le monde. À commencer par la meute de commerciaux et de clients de la marque qui m'accueillent, la première journée du salon leur étant réservée.

Et c'est là que, même pour une Miss aussi pleine de bonne volonté que moi, ça commence à devenir dur. Une journée à me faire passer des bras autour de la taille et des épaules, à accepter des tas de mains sur mes hanches, sans parler de celles, plus baladeuses, qui frôlent l'incident diplomatique. Tout le monde veut sa photo, son bisou, et bien sûr avec le sourire ! Le fameux « sourire Miss France » qu'on nous apprend à afficher non-stop lors du séjour-rodage qui précède l'élection. Ce sourire que nous devons être capables de reproduire à volonté et à la ridule près aux commissures des lèvres, quitte à finir tétanisées avec l'air de parfaites gourdes que la robe écharpée et les attributs de la royauté couronnée ne sauraient sauver de la niaiserie. Il suffit de regarder la photo officielle que je dédicace à tour de bras pour comprendre. Cette photo a été agrandie, encadrée et accrochée juste au-dessus de moi pour bien prévenir les marques concurrentes que c'est ici et nulle part ailleurs que ça se passe ! Inutile de dire que la tactique fait recette... et que c'est épuisant. Au point que lorsqu'un jeune cadre me pose pour la vingtième fois depuis ce matin la question rituelle :

– Ça fait quoi d'être Miss France ?

... Je lui réponds, en élargissant mon rictus de bonheur :

– Ça fait mal aux zigomatiques !

Dieu merci, mes chaperons Fontenay ne sont pas là, sinon je suppose que cette insolence m'aurait valu un blâme.

17 heures : l'école est finie !

Ouf ! Terminée la journée des cadres. Je file à pied jusqu'au Sofitel. Je suis tellement sonnée que je ne remarque même pas les sourires et autres œillades que l'on m'adresse dans la rue. À peine arrivée je plonge dans un bain moussant pour décompresser. Comme j'ai un peu le cafard de me retrouver seule, je passe un petit coup de téléphone à mes parents. Rien de tel pour me remonter le moral.

Et hop, c'est reparti ! En tenue pour *Combien ça coûte*, en direct sur TF1, où je suis l'invitée de Jean-Pierre Pernaut. Je regagne mon hôtel vers 1 heure du mat', assez moulue. Il faut que je récupère car demain, au Salon, c'est la journée « portes ouvertes ». Le public sur le stand et la ruée autour de ma banquette. Vu les effusions de cet après-midi, pourtant quasi privé, je crains le pire...

Jeudi 8 janvier, Salon de l'ameublement. Opération « portes ouvertes ».

Je pointe au Salon à 9 heures moins le quart, j'avale un café et je gagne ma banquette, « radieuse », comme il se doit. À l'inverse des Miss précédentes, j'ai obtenu d'assister à ce genre de manifestation « en civil », c'est-à-dire vêtue d'un tailleur ceint de l'écharpe blanche frappée d'un MISS FRANCE bleu qui symbolise ma fonction. Désolée, mais l'idée de d'arborer la panoplie robe longue et couronne dès potron-minet me paraît du dernier ridicule.

Une quinzaine de badauds attendent déjà devant le stand. Je les scrute d'un œil un brin anxieux car on m'a avertie que le fameux « entarteur » belge traînait à la recherche d'une victime connue. N'ayant aucune envie de faire la une des journaux maquillée de tarte à la crème, je surveille discrètement les sacs suspects, les mains derrière le dos et les individus qui me regardent un peu trop attentivement. Puis je me calme : l'entarteur choisit sûrement des cibles plus prestigieuses que moi, de véritables stars ou des hommes politiques. Je me concentre sur mes autographes et sur les questions de mes admirateurs.

– Alors ça fait quoi d'être Miss France ? Vous savez, j'ai voté pour vous. Vous étiez la plus belle. Toute la famille a voté pour vous. Je pourrais avoir un autre autographe pour ma mère ? Elle vous adore.

Je me prends au jeu. Ça me fait tout drôle de rencontrer des personnes qui ont voté pour moi. Quand je regardais la cérémonie des Miss à la télévision, il ne me serait jamais venu à l'esprit de téléphoner pour élire une fille. Mais là, je me rends compte que les téléspectateurs ont pris une part active dans mon sacre. Je peux enfin mettre un visage sur ces appels anonymes. J'ai de véritables admirateurs ! Chaque fois que j'arrive dans un endroit, ils sont là, m'attendent, me suivent, me respectent. Ils sont heureux, ils m'aiment, Dieu seul sait pourquoi, mais ça me fait toujours frissonner. Pour eux, et au gré de l'imagination de chacun, je suis une sorte de fée, une reine, une princesse, la belle-fille idéale, bref quelqu'un qui fait un peu rêver et qu'on peut quand même aborder plus facilement que Charlotte Rampling ou Isabelle Adjani.

Curieuse, néanmoins, cette notoriété ! La veille de mon élection, qui se retournait sur mon passage ? Qui aurait eu l'idée de crier mon prénom en me courant après ? Pourtant je ne me suis pas transformée en une journée ! Mais je suis devenue une vedette. Je passe à la télé. Il faudra repenser à cela, ma belle, quand tu seras revenue « dans le civil ».

Mon interlocuteur est l'un de ces braves types que je connais bien pour en avoir souvent côtoyés quand je vivais à Bar-le-Duc, ou lorsque j'étais étudiante en fac d'audiovisuel à Nancy... il y a quelques jours à peine. Il est provincial comme moi, normand, la bouille ronde, avenante, trapu avec les cheveux blonds rasés, comme c'est la mode depuis peu. Je m'imagine avec une coupe courte, et entends aussitôt la voix de Geneviève de Fontenay qui critique mes oreilles décollées.

Il s'appelle Jean-François, « Jef pour les intimes », dont je fais dorénavant partie, que je le veuille ou non. Il me dit qu'il a trente-cinq ans et qu'il travaille en usine. Jef, malgré son physique de gars solide et dur au mal, comme on dit chez moi, se révèle gentil, timide, impressionné. Un garçon simple. Lui, son truc, c'est le foot, l'équipe de France. D'ailleurs, ça se voit puisqu'il arbore fièrement, en prenant bien soin de bomber le torse et de rentrer un peu le ventre, le maillot tricolore frappé du coq gaulois et floqué du numéro 9. Bien sûr, comme tant d'autres supporters, il ne met jamais ce maillot pour jouer au foot. C'est une parure qu'on enfile seulement pour les grandes occasions. À 400 francs le maillot, il faut en prendre soin.

Comme je représente d'une certaine façon la France et que Jef n'a certainement pas l'habitude de causer avec des reines de beauté tous les jours, il est encore plus mal à l'aise que moi, la Miss dans sa vitrine Pirelli. Il va s'en souvenir toute sa vie de m'avoir fait la bise et d'avoir enlacé la « plus belle fille de France ». Il ne se passera plus une soirée en famille ou entre copains sans qu'il narre en détail cette rencontre, en exagérant un peu : « Moi Miss France, je la connais. Je l'ai embrassée. On a vachement parlé. C'est une copine maintenant. » Et ça le rendra heureux à chaque fois. Le toucher est très important pour les fans. Ceux qui ont touché leur idole regardent de haut ceux qui n'ont pas eu ce privilège et ont seulement vu celle-ci à la télé ou dans la rue.

Je commence à mieux comprendre ce qu'apporte une Miss France à ses « sujets » : un peu de bonheur, et le plaisir de voir de près un personnage qu'on a idéalisé.

Et j'aurais mauvaise grâce de me moquer d'eux. Après tout, ne suis-je pas moi-même depuis longtemps une fan de Jean-Luc Delarue ? Pour une étudiante en audiovisuel qui souhaite faire de la télévision son métier, cela n'a rien de très étonnant. Toujours est-il que je ne ratais jamais aucune de ses apparitions télévisées, à l'époque où il présentait *La Grande Famille* sur Canal+, quitte à arriver en retard au lycée. Dans ces conditions, vous devinerez sans peine mon émoi lorsqu'il m'a invitée à participer, en tant que Miss France, à l'émission *C'est l'heure*, sur France 2, le jeudi 18 décembre, soit cinq petits jours après mon sacre. Moi qui n'espérais même pas, naguère, faire un jour partie du public ou des témoins joints par téléphone ! Paniquée, j'ai appelé toutes mes copines et toute ma famille pour les prévenir et leur demander conseil : comment me comporter ? Je voulais bien entendu être au top de ma séduction. Quand j'ai vu entrer Mme de Fontenay dans ma loge, avec sous le bras la robe bleu et blanc de l'élection, l'écharpe et la couronne, j'ai vite compris que je n'avais aucune chance de faire craquer le beau Jean-Luc !

– Mais enfin, madame de Fontenay, c'est une émission décontractée ! Un tailleur serait plus approprié, non ?

– Ah non ! Toutes mes Miss seront là et je veux que vous portiez toutes des robes de soirée.

Ah ! Mme de Fontenay et ses rites ! La reine d'Angleterre ne doit pas être plus conventionnelle. Avec le recul, j'admets qu'elle a raison : ringard ou pas ringard, l'usage veut que les Miss restent fidèles à leur image de bergères devenues princesses, attributs à l'avenant. C'est ce qu'attend le public. Et c'est du grand marketing. Mais pour ce qui est de séduire un présentateur branché, c'est autre chose...

Pour ne rien arranger, comme je n'avais jamais caché mon admiration pour Delarue, évidemment, une de ses chroniqueuses n'a pu s'empêcher de m'apostropher pendant l'émission :

– Alors Sophie, il paraît que Jean-Luc est votre idole ?

Je l'aurais tuée ! Rouge de honte, j'ai répondu du tac au tac :

– Oui, mais maintenant que je l'ai vu, ça change tout.

Décidément, chaque fois que je ne sais pas quoi dire, il faut toujours que je sorte une phrase qui trahit un peu trop brutalement ma pensée. Heureusement, comme Jean-Pierre Foucault qui avait bien pris mon « Je veux prendre votre place », Jean-Luc, quoique surpris, a ri de cette repartie.

En rentrant à l'hôtel, j'ai trouvé la messagerie de mon téléphone portable saturée de questions, toutes les mêmes, émanant de mes copines de fac :

– Alors, il est comment en vrai ?

Comme quoi je ne suis pas une groupie solitaire...

Mais revenons sur le stand Pirelli, où règne une atmosphère de folie. À croire que tout le monde a décidé de sauter le déjeuner pour venir ici. Même au zoo, les singes n'attirent pas une foule pareille. Et quand je parle de zoo, je suis dans la note. Il y a tellement de curieux, de mini-bousculades, d'embouteillages devant le stand, que l'on m'a entourée de barrières métalliques. En cage la Miss

France ! Je n'étais déjà pas très à l'aise sur ma banquette, livrée au regard des passants comme dans une vitrine de grand magasin au moment de Noël, mais là je me prends soudain de sympathie pour tous les animaux qui voient s'agglutiner derrière leurs barreaux ces drôles de mammifères que sont les êtres humains. Je me remémore les mots apaisants de Mme de Fontenay avant de m'envoyer ici :

– Vous verrez Sophie, c'est facile, vous vous asseyez, vous faites des photos, des dédicaces, vous souriez. Rien d'autre !

Oui, mais moi, je n'ai pas l'habitude de m'exhiber de la sorte. Quand je pense qu'il y a quelques mois à peine, je n'osais même pas entrer la première dans un lieu public ! Je baissais les yeux, je rentrais la tête dans les épaules. Alors, ici, quelle torture ! Les plus curieux n'hésitent pas à me suivre jusqu'aux toilettes pour obtenir un autographe.

16 h 30.

Pas de nouvelles de l'entarteur. Il n'est peut-être pas venu. Je reste cependant sur mes gardes. On ne sait jamais, quelques secondes d'inattention peuvent lui suffire pour accomplir son forfait. Mais apparemment, je ne suis pas sa cible. Le soir venu, je rentre à l'hôtel sans tarte à la crème sur le visage, ce qui me permet d'apprécier pleinement le bouquet de fleurs du jour, généreusement offert par M. Bedu, le directeur général de Pirelli.

20 heures.

Coup de téléphone dans ma chambre d'hôtel. C'est Xavier de Fontenay.

– Sophie ? Ne prévoyez rien pour demain midi. Nous déjeunons avec deux représentants de la principauté de Monaco. Il paraît que le prince Albert souhaite vous rencontrer et ces personnes viennent pour voir comment on peut organiser cela. Je passerai vous chercher sur le stand.

Le prince Albert ? Je l'ai vu de près une fois. J'avais douze ans et je me promenais avec ma mère sur la Croisette, à Cannes, quand maman, la tête ailleurs, l'a carrément percuté en lui écrasant les orteils. Pourquoi voudrait-il faire ma connaissance ? Xavier ne m'en dit mot et raccroche sans même s'enquérir de la façon dont je m'en sors au Salon. Pour lui, j'ai un contrat et je dois l'exécuter sans broncher. Xavier de Fontenay est un excellent gestionnaire, mais pour les berceuses, mieux vaut ne pas compter sur lui.

Vendredi 9 janvier, 12 h 30.

Matinée identique à celle d'hier. Mêmes photos, mêmes dédicaces. Xavier arrive, propre comme un sou neuf.

– Allez Sophie, on y va. J'ai réservé à la brasserie d'en face.

Il aurait au moins pu choisir un vrai restaurant au calme. Enfin... Direction la brasserie. Les deux représentants du prince Albert sont déjà là.

– Bonjour, je me présente, marquis Arnaud de Brillac et voici la comtesse Carole de Varennes. Nous sommes deux proches conseillers du prince Albert.

– Enchantée.

Xavier est plus qu'enchanté : conquis. Surtout par la comtesse – c'est vrai qu'elle ne manque pas d'allure avec son chemisier blanc ouvert sous une veste noire et ses longs cheveux détachés. Le marquis, lui, porte une veste beige, une cravate rayée et une chemise blanche, classique quoi. Ça m'amuse de voir qu'un prince envoie deux personnes pour prendre ses rendez-vous, mais je me demande encore pourquoi il souhaite me voir. Le marquis me l'explique de façon plutôt sibylline.

– Mademoiselle, le prince Albert, qui est toujours célibataire, fêtera ses quarante ans le 14 mars prochain au palais. Il aimerait vous compter parmi ses invités.

Xavier m'adresse un grand sourire qui en dit long sur la réponse que je dois donner.

– Oui. Pourquoi pas ? Avec grand plaisir.

– D'après nos informations, vous aimez les chevaux...

– En effet, je les adore.

– Parfait, le prince aussi. Et physiquement, comment trouvez-vous Albert de Monaco ?

Je suis sciée. Qu'est-ce que c'est que ce piège ? Qu'est-ce que ça peut lui faire, au marquis, mon opinion sur le physique du prince ? Je lance un coup d'œil suppliant à Xavier. En vain : il n'a d'yeux que pour Mme de Varennes. Je réponds prudemment :

– Il a l'air gentil...

– Vous aimeriez faire de la télévision ou de la radio, je crois ?

– En effet, j'aimerais beaucoup faire de la télévision.

– Vous savez qu'à Monaco nous avons Télé Monte-Carlo et Radio Monte-Carlo. Le prince pourrait vous obtenir un poste facilement.

Mais qu'est-ce qu'il est en train de me dire, le marquis ?

Je croyais que nous devions juste régler les détails d'une invitation. Dans le doute, je me borne à sourire en guise de réponse. Xavier, lui, est aux anges. La comtesse enchaîne :

– Vous aimez les belles robes ?

– Comme toutes les femmes !

– Et les robes de mariée ? Vous savez, le prince a ses entrées dans tous les magasins de Monaco. Vous n'aurez qu'à choisir les vêtements qui vous plaisent.

Serait-ce une blague ? Ces gens envisagent-ils sérieusement que je puisse convoler avec Albert de Monaco ? Je me tourne de nouveau vers Xavier. À en juger par l'air excité avec lequel il se trémousse sur sa chaise, il me verrait volontiers en future princesse. Pensez donc : ce serait l'apothéose de sa carrière au Comité. Une de ses Miss mariée avec le prince célibataire le plus médiatisé d'Europe ! Il s'imagine déjà en couverture des magazines du monde entier, j'en suis sûre. La conversation continue sur cette note déroutante, si bien que je ne sais très vite plus moi-même où j'en suis. Est-il possible que j'aie attiré l'attention du prince Albert ? Et si tel est le cas, une petite Lorraine, toute Miss France qu'elle soit, a-t-elle le droit de repousser les avances d'un prince ou son éventuelle demande en mariage ? Ressaisis-toi, ma fille : tu nages en plein roman !

Les cafés arrivent. J'avale le mien à toute vitesse et je prends congé, perplexe... On verra bien.

Il n'est pas facile de retourner garnir le stand Pirelli quand on vient de vous faire vaguement espérer, sans jamais l'exprimer clairement, que vous pourriez devenir princesse. Une princesse, une vraie ! L'idée me trotte dans la tête tout l'après-midi pendant que je dédicace photo sur photo – activité qui n'occupe guère l'esprit. Après tout, je suis célibataire, puisque j'ai rompu la semaine dernière avec Olivier. Drôle, d'ailleurs, que ni ce marquis ni cette comtesse ne m'aient demandé si j'avais un fiancé. Allons, du calme, Sophie ! Faudrait quand même pas te prendre pour Grace Kelly !

Samedi 10 janvier, 8 heures, hôtel Sofitel.

Première pensée au réveil : mais que devient Mme de Fontenay ? C'est qu'elle commence à me manquer un peu.

Le paradoxe avec Geneviève, c'est que quand elle est avec vous, on ne voit qu'elle, on n'entend qu'elle, on n'en peut plus et dès qu'elle s'absente, on s'ennuie. Mme de Fontenay est une mère poule qui couve ses Miss, souvent exagérément. Sa raison de vivre, c'est nous. Elle veut que l'on parle le plus possible de ses protégées, qu'on les voie partout, et qu'elles soient parfaites. Elle a l'œil à tout. Attention aux fautes de goût vestimentaires. La sanction est immédiate et sévère : « Vous n'allez pas sortir avec ces horribles chaussures ? Ne mettez pas de pantalon, voyons ! Montrez vos jolies jambes. Je n'aime pas ce tailleur, la couleur ne vous va pas ! Et vos oreilles, Sophie ! Cachez vos oreilles ! »

Pourtant, même si j'aimerais parfois la savoir aux antipodes, j'ai besoin d'elle. Elle est la seule à parfaitement maîtriser les conditions de vie d'une Miss et à savoir comment faire pour que tout se déroule bien. Or voilà quatre jours que je ne l'ai pas vue. Elle est certainement en train de préparer le programme des réjouissances des jours à venir.

8 h 30.

Le réceptionniste de l'hôtel m'apporte un fax. De Geneviève, justement. Chouette ! Ma prochaine « représentation » se déroulera dimanche soir à Nancy, à l'occasion de la remise des Trophées des Sports. Elle me fait également savoir que l'équipe de l'émission *Zone interdite* (M6), qui réalise un documentaire sur mon aventure, me suivra pendant cette soirée. Moi, je ne pense qu'à une chose : je retourne chez moi !

Oh, j'ai bien déjà passé la journée de dimanche dernier, le 4 janvier, à Nancy, mais je n'ai même pas eu le temps de voir les miens. Cette fois, je pourrai caresser ma chienne Jockie et mon futur cheval Auteuil, et bavarder avec mes parents, mes grands-parents et mes copines, à qui j'ai tant de choses à raconter.

Depuis mon élection, j'ai rencontré de nombreux grands professionnels de la télé, un tas de gens influents qui me courtisent, me font les yeux doux parce que je suis une machine à audience. Comme près de quatorze millions de téléspectateurs assistent au sacre, les directeurs de programmes et les producteurs prennent bien soin de la gagnante, au début tout du moins.

En ce qui me concerne, Mme de Fontenay est aux anges. Aucune de ses Miss n'avait jusqu'à présent déchaîné une telle fureur médiatique. D'ordinaire, elles avaient droit aux passages télé classiques : quelques minutes dans les journaux télévisés et les émissions de TF1, diffuseur de l'élection – comme *Combien ça coûte*, *Y'a pas photo* et quelques autres –, et après, on ne les voyait pratiquement plus. Or non seulement j'ai participé à ces émissions, mais on m'a vue également chez Drucker, Delarue, Foucault, etc. Je ne parle pas, bien sûr, de la presse écrite et des couvertures de magazines. Sans compter la radio. Et cette médiatisation à outrance n'est apparemment pas terminée. TF1 et M6 ont décidé de me suivre toute l'année pour un documentaire et les fax d'invitation des chaînes affluent chez Mme de Fontenay.

Dire que mes copines de fac s'échinent pour trouver un stage de fin d'études afin de valider leur diplôme d'audiovisuel et que moi j'ai décroché avec ma couronne de Miss un an de stage intensif assuré ! D'accord, il n'est pas tous les jours facile d'être considérée comme une potiche que l'on dispose sur un plateau pour qu'elle sourie et livre deux ou trois mots afin de faire grimper l'Audimat. Mais c'est une bonne expérience qui m'aidera plus tard, lorsque je deviendrai animatrice. On peut toujours rêver...

Dimanche 11 janvier, 11 heures.

Pour mon dernier jour au Salon de l'ameublement, je reçois la visite d'une compatriote. Une petite mamie nancéienne adorable, prénommée Violette. Elle me confie me voir pour la deuxième fois en une semaine. La première fois, ajoute-t-elle avec une lueur de joie dans ses prunelles bleues, c'était dimanche dernier, le 4 janvier, à Nancy, lors de ma toute première prestation de Miss.

Je me souviendrai de ce baptême du feu ! Un grand moment. Heureusement que Mme de Fontenay et François Christin, le délégué régional chargé de gérer l'agenda de toutes les manifestations dans ma région (qui est depuis devenu mon agent), avaient eu la bonne idée de me faire débuter dans mon rôle de Miss, chez moi, en Lorraine. Je n'étais pas plongée dans l'inconnu comme je le suis ici, au Salon. Mes parents, des amis, Mme de Fontenay, François Christin et Babeth, sa femme, bref, de nombreuses présences rassurantes m'entouraient. Une bonne chose vu le programme concocté à mon intention...

Coup d'envoi des festivités à 10 heures. Après une séance de coiffure à l'hôtel Mercure, histoire de me faire quelques bouclettes, mon cortège d'accompagnateurs me conduit à l'hôpital de Nancy, dans le service de pédiatrie. Ça commence mal : j'ai horreur des hôpitaux ! Pour moi, ils symbolisent la souffrance, la mort, et me rappellent un mauvais souvenir. Une fois que j'étais allée, petite, voir mon grand-père malade, j'ai entraperçu, à deux chambres de la sienne, un vieux monsieur étendu la bouche grande ouverte. J'ai cru qu'il était mort et cela m'a terrifiée.

À mon arrivée, les infirmières m'accueillent très gentiment :

– Les enfants vous attendent. Ils vous ont fait des dessins. Ils ne rêvent que de vous. Certains ont gardé votre photo toute la nuit sur leur table de chevet. Il y en a même un, David, qui n'a pas fermé l'œil tant votre venue l'excitait.

Rassurée par tant d'amour, je retrouve le sourire... Pas pour longtemps. Le premier enfant que je rencontre est une petite fille, défigurée, brûlée à vif. J'ai du mal à la regarder. C'est la première fois que je vois des brûlures aussi violentes. Et Mme de Fontenay qui demeure impassible ! Comment fait-elle ? Mes parents sont aussi mal à l'aise que moi. Je sens qu'il faut que je me reprenne. Je m'admoneste : « Sophie, fais abstraction de ses blessures, improvise et surtout, ne craque pas. »

Je prends donc mon courage à deux mains et fais comme si de rien n'était. La joie qui brille dans les yeux de cette fillette de huit ans et dans ceux des autres enfants me récompense de mes efforts. On croirait qu'ils rencontrent une fée ! À moi de leur apporter du rêve, de l'attention, de la chaleur, du bonheur et de l'espoir, même si mon rôle me paraît bien modeste et éphémère comparé à celui des infirmières qui l'assument, elles, au quotidien.

À midi, direction l'hôtel de ville pour déjeuner avec André Rossinot, le maire de Nancy, et une vingtaine d'invités. La politique n'est pas mon fort. Qu'est-ce que je vais bien pouvoir leur raconter ? Je comprends vite que personne n'est là pour parler politique. Ce qu'ils veulent ? La même chose que tous les autres : savoir ce que ça fait d'être Miss France. Je me répands en phrases convenues car Mme de Fontenay a l'ouïe aussi fine que la vue. À la fin du repas, le maire m'offre la médaille de la Ville frappée à mon nom. Ça me remplit de fierté, moi la petite Lorraine.

Au dessert, François Christin m'annonce la suite des réjouissances. De 14 à 16 heures, je resterai à l'hôtel de ville, cette fois dans le hall d'accueil, pour aider les Scouts de France à vendre leurs galettes des rois au profit des Restos du Cœur. Toute personne achetant une galette repartira avec une photo de Miss France dédicacée. En deux heures, nous liquidons tout notre stock de galettes. Cent vingt-quatre en tout, soit neuf cent quatre-vingt-douze parts vendues ! Et donc autant de signatures...

17 heures : la journée se termine comme elle a commencé, dans une institution spécialisée. Mais cette fois, après les enfants à l'hôpital, c'est au tour des per-

sonnes âgées de la maison de retraite de l'Hôtel-Club de Nancy, à Saint-Max, de recevoir la visite de Miss France.

Quand je fais irruption dans la salle, tous les retraités sont installés dans leur fauteuil, par rangées. Ils dégustent religieusement la traditionnelle galette des rois. Un responsable de la résidence fait les présentations. Apparemment, ma présence ne déclenche pas l'hystérie, pas même le moindre intérêt. Ils n'en ont rien à faire, de la Miss. L'important, c'est la galette. Je repère néanmoins un gentil papy de quatre-vingt-huit ans qui semble m'accorder un peu d'attention et lui pose la couronne de roi sur la tête. Il est ravi.

– À mon âge, je n'aurais jamais pensé voir une Miss France et encore moins l'embrasser. Un vrai rayon de soleil. Je suis vraiment très heureux.

Merci, papy ! Mme de Fontenay commençait à se demander si je n'allais pas totalement louper cette ultime prestation dans ma région d'origine.

*

* *

19 heures. Salon du meuble, Paris.

Ouf : terminé le stand Pirelli. En route pour Nancy, où on m'attend à 21 heures pour remettre les Trophées des Sports. *L'Est Républicain*, organisateur de cette soirée, a mis tout en œuvre pour que j'arrive à l'heure : il a carrément affrété à mon intention un jet privé de vingt places ! La grande classe. Comme pour un chef d'État. Les caméras de *Zone interdite* nous suivent toujours.

Pendant le vol, François Christin me fait un gros briefing sur cette soirée et sur les manifestations à venir. Mon agenda en main, je note les rendez-vous. Une vraie femme d'affaires ! Après cela, François m'aide à préparer mon discours de ce soir. Je suis censée remettre des prix à des sportifs régionaux, élite du sport lorrain en 1997, que tout le monde connaît ici... sauf moi ! Mais mon mentor a tout prévu... et tout écrit.

– Tu remettras un trophée à Christophe Mangin. C'est un cycliste, double champion de France de cyclo-cross. Romaric Delepine est un cavalier. Il est champion d'Europe par équipes. Tu adores l'équitation, donc ça devrait aller avec lui. Quant à Cyril Julian, ton frère doit le connaître. Il est basketteur au SLUC de Nancy, comme lui. Ne t'inquiète pas, tout va bien se passer. Ta présence est une surprise. Ils ne savent pas que tu viens.

Il en a de bonnes, François : « Tout va bien se passer » ! Est-ce qu'il sait au moins qu'à l'école je ne prenais jamais la parole et que je redoutais les interrogations orales ? Ce soir, je vais devoir parler devant deux mille personnes ! Voyons le bon côté des choses : sans son intervention, mon ignorance m'aurait condamnée à sourire bêtement en attendant que la soirée se passe. Là, en un rien de temps, je mémorise tout ce qu'il faut savoir des lauréats. Au passage, François me signale que depuis le 4 janvier j'ai déjà signé plus de sept mille cartes à mon effigie et donné quelques dix à douze mille bisous. Quant aux « Ça fait quoi d'être Miss France ? »... je ne les compte plus.

21 heures.

Atterrissage à Nancy, direction le Palais des Sports ; on n'a pas trop de retard. Le Palais des Sports est plein à craquer. Mes parents sont déjà là. Ma mère me trouve fatiguée et mon père, fan de sport, semble aux anges. C'est qu'il commencerait à prendre goût à ces soirées, mon papa qui ne voulait pas que je me présente à la moindre élection !

Il est temps d'enfiler la robe blanche avec le bustier bleu et ces fichus talons auxquels je n'arrive toujours pas à m'habituer. pourvu que je ne trébuche pas en descendant l'escalier, juchée sur mes échasses !

Descente réussie. Sur scène on ne voit que moi. J'ai un peu l'air d'une géante au milieu de ces sportifs souvent plus petits que moi. Ça va faire drôle sur les photos, demain dans la presse. Allez, un peu de courage maintenant, c'est l'heure du discours. Je prends ma respiration :

– Cela me fait énormément plaisir d'être parmi vous. Je suis heureuse de récompenser des sportifs autant pour leurs exploits que pour leur exemplarité dans la vie. Je crois en l'apprentissage par le sport dans une société qui cherche des valeurs sur lesquelles s'appuyer... patati, patata.

Ouf, je n'ai rien oublié et ma langue n'a pas fourché. À ma grande surprise, on m'applaudit à tout rompre. Il semble que j'aie dit ce qu'il fallait ; François a bien fait les choses. Je comprends mieux désormais comment les hommes politiques et les autres personnalités parviennent à parler de tout sans rien connaître. Enfin, le principal est que tout le monde soit content... et que je puisse enfin retrouver mes parents et mon frère pour le dîner.

23 heures, brasserie Flo, Nancy.

Avez-vous déjà vu des films où les serveurs d'un restaurant sont tellement bouleversés par la présence d'une star dans leur établissement qu'ils en laissent choir leurs plats ? Eh bien cela fait à peine dix minutes que nous sommes à table, et un jeune serveur a déjà renversé son plateau de verres aux pieds de mon père ! Je n'ose croire que c'est à cause de moi. Pourtant, voilà qu'un autre serveur laisse tomber à son tour son plateau. Adieu nos plats ! Du coup, je cherche dans le restaurant une des caméras cachées de *Surprise sur prise*. Rien. C'est quand même incroyable. Avant d'être Miss France, je n'avais jamais troublé personne à ce point.

BONJOUR L'INCOGNITO !

Mardi 13 janvier, Bar-le-Duc.

Je me réveille chez moi, dans mon lit, pour le deuxième matin consécutif. Quel bonheur ! Toni Comiti, le réalisateur du documentaire de *Zone interdite*, débarque à la maison pour le petit déjeuner les bras chargés de galettes des rois. Même s'il est là pour le boulot puisque nous devons aujourd'hui tourner quelques scènes pour son sujet, cela me fait plaisir de le retrouver. Je le connais depuis mon élection au titre de Miss Meuse, en 1996. À cette époque, il était venu filmer un documentaire sur Laure Belleville, Miss France 96, dans lequel figurent aussi mes tout débuts de Miss. Il a décidé de tourner la suite.

Au programme, quelques scènes « vécues ». Je dois d'abord confectionner une quiche lorraine, ma « spécialité » – bonjour le cliché ! –, puis déjeuner en famille en toute simplicité. Au menu : viande, purée. Ça fait provincial à souhait. Mais Toni m'assure que c'est ce qui plaît aux téléspectateurs. Après tout, c'est lui le professionnel ; moi, j'en profite pour prendre des leçons.

Il s'est également mis en tête de me filmer avec ma mère en train de visionner mon élection de Miss France.

J'accepte avec plaisir de replonger dans ce qui fut l'un des moments les plus forts de ma vie. Quelle drôle d'impression cela fait de revoir ces images ! C'est la première fois que je vois la cérémonie en entier. À côté de moi, ma mère est au bord des larmes. Elle semble aussi émue que lors de l'événement en direct. Je n'en mène pas large non plus, je dois l'avouer. Toni a réussi son coup.

Jeudi 15 janvier, Bar-le-Duc.

Qu'il est bon de ne rien faire ! Une deuxième journée de pause, cela se savoure.

Comme chaque matin au réveil, après un gros bol de chocolat, un jus d'orange et une demi-baguette, je vais vérifier le fax. C'est devenu un réflexe, une obligation même. Le téléphone-fax est l'un des premiers cadeaux qu'une Miss reçoit. Et certainement le plus utile, car Mme de Fontenay ne communique que par l'intermédiaire de cette machine. Non qu'elle n'aime pas téléphoner ou qu'elle juge cela trop cher. Mais le fax lui permet de garder une trace écrite de tout. Moralité : où que je sois, je reçois des fax de Geneviève. Comme c'est elle qui gère mon emploi du temps, elle sait toujours où je me trouve ! Pire que Big Brother !

Un seul inconvénient à ce procédé : si le fax lui permet de m'avertir des manifestations à venir, de me donner tous les renseignements pratiques pour mes déplacements, il lui sert aussi à s'entretenir avec moi, à me faire parvenir des coupures de presse annotées de reproches ou de compliments, à me raconter sa vie ou à me poser des questions sur la mienne. Et je me dois de lui répondre séance tenante ! Par fax moi aussi. Foin de téléphone portable. Je dois donc prendre la plume pour répondre, plusieurs fois par jour et à n'importe quelle heure !

Heureusement pour moi, je me suis prise au jeu de ce chassé-croisé épistolaire. Je n'ai jamais autant écrit de ma vie. D'une certaine façon, ça m'arrange, car il se révèle souvent plus facile d'exprimer certains sentiments de joie ou de colère de cette façon.

La télécopie de ce matin me rappelle que nous avons rendez-vous à midi à l'hôtel du département de la Meuse, pour une réception avec le conseil général au grand complet. C'est la dernière séance présidée par Rémi Herment, le président du conseil sortant, qui, avant de laisser sa place, souhaite honorer « une Meusienne, ambassadrice privilégiée de notre département ».

Je trouve que l'on me fait beaucoup d'honneur, alors que mon seul mérite a été de défiler en robe et en maillot de bain ! Je comprendrais encore si j'avais remporté un titre sportif ou décroché un poste à hautes responsabilités. Mais dans mon cas, cela me sidère.

Cette disproportion entre mon statut réel et la manière dont il est perçu me rappelle mon retour à Bar-le-Duc, le 16 décembre dernier, trois jours après mon sacre. Hallucinant.

Après trois jours d'interviews, de photos, d'honneurs, et deux nuits blanches à la clé, je rentre enfin chez moi. Pour la première fois depuis trois semaines. Et je ne songe qu'à une chose : me glisser entre mes draps. Mais Mme de Fontenay et l'équipe de *TV+*, l'émission de Marc-Olivier Fogiel sur Canal+, qui l'accompagne entendent bien immortaliser mes touchantes retrouvailles avec les miens.

Quand la 806 prêtée à l'année au Comité Miss France s'arrête devant la maison, c'est l'émeute ! Plus d'une vingtaine de journalistes ont investi les lieux. Il y a TF1, France 3, Canal+, les journalistes de *L'Est Républicain*, des photographes d'agence... et mes pauvres parents qui n'ont pu les empêcher de rentrer. Ils sont partout, jusque dans ma chambre ! Mais ils se prennent pour qui ? Je ne peux visiblement pas compter sur Mme de Fontenay pour faire la police : elle est trop contente qu'une de ses Miss déclenche de telles passions médiatiques.

Je n'ai même pas eu le temps de me changer qu'on m'entraîne à nouveau dehors, dans une voiture avec toit ouvrant... et grand ouvert ! Il est prévu que je sillonne le centre de Bar-le-Duc debout dans la voiture, le buste émergeant du toit ouvrant.

– Sophie, vous êtes attendue par le maire. Dépêchez-vous, il est déjà tard ! me presse Geneviève de Fontenay.

Il est 20 heures et j'émerge à grand-peine du somme que j'ai fait pendant le trajet. J'ai une joue toute froissée, les yeux cernés, je porte un pull à col cheminée, je ne suis pas coiffée, pas maquillée, et le froid me rougit les pommettes. Bonjour l'image de la Miss France de retour chez elle ! Pourvu qu'il n'y ait pas trop de monde dans les rues.

Dieu ne m'a pas entendue. Toute la ville s'est massée le long du boulevard de La Rochelle. Des centaines et des centaines de personnes hurlent « Sophie, on t'aime », « Bravo Sophie, tu es la plus belle ». D'autres agitent des banderoles du genre « Sophie, on est fiers de toi ». La voiture n'arrive même plus à avancer.

Je suis heureuse, comblée de tant d'amour, subjuguée par tant de ferveur. C'est comme si j'avais gagné la Coupe du monde de football à moi toute seule. Quel pied ! Ma ville, mes amis, ma famille et des milliers de gens que je ne connais pas m'ont attendue dans la froidure pour m'accueillir et me féliciter. L'émotion qui m'envahit égale presque celle que j'ai éprouvée quand j'ai été élue. Des larmes de joie baignent mon visage. C'est irrépressible. Ces gens semblent heureux, si sincères. J'ai l'impression d'être le Père Noël sur son traîneau !

À la mairie, même scénario : une foule en effervescence. M. Pancher, le maire, m'applaudit. Il m'offre un appareil photo. Mon grand-père se tient à son côté et je pleure de nouveau. De toute façon, vu l'état de mon maquillage, cela n'a plus d'importance. Car à ce moment précis, je n'éprouve plus la vague confusion que l'on ressent lorsqu'on annonce alentour sa candidature à une élection de Miss. Une compétition qu'il est de bon ton de qualifier de ringarde dans certains milieux, mais à laquelle finalement tout le monde assiste par le biais du petit écran. J'ai défendu les couleurs de ma ville, de ma région. Et je suis fière d'en être fière.

12 heures, hôtel du département.

On est loin du déferlement de liesse du 16 décembre dernier, même si mon arrivée au conseil général déclenche quelques salves d'applaudissements. De mon côté, je suis assez intimidée par le cadre grandiose. Note comique : Mme de Fontenay, qui a fait le déplacement, a bien sûr insisté pour que je me ceigne de mon écharpe, mais les maires présents, eux, n'ont pas mis la leur. Le monde à l'envers.

Je reçois des cadeaux : des fleurs, un grand sac de voyage et la médaille du département. Je sens qu'il va bientôt falloir installer une vitrine à la maison si l'on m'offre des médailles à chacune de mes visites dans les communes de France !

Le déjeuner est délicieux. Entre le fromage et le dessert, ma table est assiégée par des élus locaux désireux d'obtenir une photo dédicacée. Moi, du moment qu'ils me laissent déguster mon dessert, je veux bien leur signer tout ce qu'ils veulent.

14 h 30.

Il est l'heure de filer à mon rendez-vous suivant. La marque Bergère de France me propose de poser pour son prochain catalogue de vêtements. Après deux heures d'essayages destinées à sélectionner les tenues que je porterai sur les photos, j'apprends que celles-ci se feront à Miami, un peu plus tard dans l'année. Miami ! Le rêve ! Pas besoin de réfléchir trop longtemps pour accepter la proposition.

17 heures.

Pour couronner un après-midi plutôt sympa – Ah, Miami... –, j'ai rendez-vous chez un glacier de Bar-le-Duc pour des retrouvailles autour d'un verre avec deux amis. Pour une fois, pas d'autographes ni de photos dédicacées. Très vite, je mesure cependant combien ma vie a changé, à jamais. Mais même si ces copains et moi ne parlons plus tout à fait le même langage et ne partageons plus les mêmes préoccupations, je les sens heureux de voir que je ne les oublie pas et que leur présence, comme celle de mes autres amis, m'assure un certain équilibre. Un retour sur terre, à la réalité, qui permet d'échapper au syndrome de la « grosse tête ». Je me promets de faire l'effort de rester en contact avec eux et de ne pas gommer mon naturel simple et presque naïf au contact du monde sans pitié, semé de faux sentiments, de flatterie, d'hypocrisie et de machisme du show-biz et de la célébrité en général. Je compte sur eux pour me remettre les idées en place si je dérape.

20 heures.

Enfin un dîner en famille, sans caméras ni photographes !

Vendredi 16 janvier, 8 heures.

Le fax vient de cracher son lot d'informations quotidien en provenance du Comité Miss France. Une représentation éprouvante m'attend : EMC2, une importante association d'agriculteurs, m'invite à Verdun pour sa soirée annuelle. Heureusement, Tania, une journaliste de *Zone interdite*, devenue depuis une de mes meilleures amies, doit me rejoindre pour filmer l'événement et mes parents m'accompagneront. Je ne serai pas seule aux milieux de tous ces inconnus.

Une note de Mme de Fontenay ravive cependant toutes mes angoisses : « Sophie, vous devrez ouvrir le bal de la soirée en dansant une valse avec un député. J'ai envoyé la cassette. » Une valse ? Mais je n'ai jamais dansé ça et je n'ai qu'une heure pour apprendre ! Ça va être catastrophique. Prenant le taureau par les cornes, je fonce chez Danny et Patricia (une seule adresse, à Bar-le-Duc, quand on veut apprendre à danser). Pas besoin de décrire leur surprise, et celle de leurs élèves, quand ils me voient faire irruption sans crier gare, un brin paniquée, dans leur salle de danse. Il s'agit d'une urgence !

Après une heure à tournoyer et à écraser les pieds du prof, j'ai la tête qui tourne dans tous les sens. Mais Danny et Patricia m'assurent que je m'en tirerai très bien ce soir. Le ciel les entende...

De toute façon, je dois filer à Nancy, où j'ai rendez-vous avec Elisabeth Christin, dite Babeth (la femme de François, mon précieux délégué régional), pour une séance de shopping. Je me fais une joie de la revoir. Babeth est l'une des seules, avec son mari et mes parents, à avoir vécu toute mon aventure depuis Miss Meuse. On s'aime beaucoup.

Mon train est à 10 h 48. Comme je voyage seule, je feins de dormir, pour ne pas signer d'autographes pendant le trajet. Babeth m'attend à la gare et nous cinglons aussitôt vers les magasins. Depuis mon élection, je tourne avec les mêmes tenues et il est temps pour moi de renouveler un peu ma garde-robe, sinon ça va finir par se voir. Deux tailleurs – offerts par mes parents pour Noël (un bleu marine et un kaki) – plus une jupe et une veste noires piquées à ma mère, c'est un peu maigre ! Car il ne faut pas compter sur le Comité Miss France pour vous habiller, excepté lors des galas d'élection des Miss régionales où l'on vous fournit robes et chaussures. Pour le reste, à chaque lauréate de se débrouiller, tout en se conformant aux oukases de Madame Geneviève. Moi qui croyais que les Miss France disposaient d'un styliste à l'année. Et que les maisons de couture se battraient pour m'habiller gratis. Pas du tout ! J'ai même l'impression que les couturiers trouvent les Miss trop *has been*, en dépit de leur immense popularité, et que notre public ne correspond pas vraiment à la clientèle qu'ils souhaitent toucher. Conclusion : je déniche moi-même mes tenues, en redoutant toujours les féroces réflexions par fax de ma duègne, si elle ne me trouve pas assez jolie, ou pas assez « Miss » lors d'une émission ou dans la presse. Il y a quelques jours, par exemple, elle m'a envoyé une coupure de *L'Est Républicain* avec ma photo. Elle avait entouré au gros feutre noir mes chaussures plates. Non seulement j'avais osé – sacrilège ! – ne pas me jucher sur des talons aiguilles, mais en plus (c'était aussi entouré de noir), une jeune fille en costume folklorique debout juste derrière moi portait les mêmes ballerines que moi ! Le message était clair : « Ne recommencez pas ! »

Je m'achète donc un tailleur, deux paires de chaussures (à talons hauts) et dédaigne, pour une fois, les jeans et les baskets. Ça me fait tout drôle de me « déguiser » ainsi en jeune femme. Babeth est morte de rire :

– C'est le métier qui rentre, ma belle !

13 h 30.

Déjeuner à l'hôtel Mercure, juste en face de la gare. Dire que, avant d'habiter Nancy, je prenais le train chaque jour pour aller à la fac et que je considérais cet hôtel comme un palace où je n'aurais certainement jamais les moyens de loger. Maintenant je le compare au Bristol... Et quand je vois les étudiants sortir de la gare, je songe qu'il est trop tard pour revenir en arrière et reprendre mes études.

Pourtant, juste après mon élection, j'avais la ferme

intention de poursuivre ma licence d'audiovisuel, quitte à le faire par correspondance. Je me disais qu'on voyait beaucoup les Miss pendant un mois, puis qu'on n'entendait plus parler d'elles. Donc je pensais pouvoir concilier les études et la figuration. Ce que je n'avais pas prévu, et Mme de Fontenay encore moins, c'est que mon élection me rendrait si populaire. Mon agenda pour le mois de février se remplit de jour en jour, celui de mars est déjà entamé et, fin avril, je pars quinze jours concourir pour le titre de Miss Univers à Honolulu. Je ne vois pas quand je trouverais le loisir de retourner en cours.

Babeth, à qui je raconte tout ce qui m'est arrivé depuis un mois, me donne la clé du dilemme :

– Eh bien, il ne te reste plus qu'une chose à faire : t'accrocher à ton rôle de Miss France et tout faire pour en tirer profit professionnellement.

Babou (Anne-Isabelle pour l'état civil) et Benoît, deux amis, nous rejoignent pour le café. Nous prenons date – eh oui, maintenant, avec mon emploi du temps de ministre, plus question de fiestas impromptues – pour une soirée entre copains très prochainement. Mais le devoir m'appelle... J'ai accepté une séance de dédicaces dans un magasin de la ville.

– Vous venez avec moi ? Vous verrez ce que c'est que de signer des photos sans s'arrêter !

Ils acceptent bien entendu : pas question de manquer ça.

15 heures-17 heures.

Le magasin en question vend des macarons, une des spécialités gastronomiques de la ville et de la région. Il y a foule. Comme d'habitude ! Babou et Benoît s'improvisent accompagnateurs et distribuent les photos que je dédicace à tour de bras. Ah, s'ils pouvaient me tenir compagnie plus souvent, ce serait tellement plus amusant. Décompte du jour : 250 cartes signées.

19 heures, Verdun.

Tania, ma copine journaliste de *Zone interdite*, et mes parents me rejoignent à l'hôtel pour la soirée EMC2 (les agriculteurs). Ils assistent à ma transformation. Coiffure, maquillage, robe, bijoux : je ressemble à un vrai sapin de Noël. Je n'ai pas trop le choix... Ce soir, ils ont commandé la Miss, ils auront la Miss !

À notre arrivée, la salle est déjà comble : 2 500 personnes. Clameurs et applaudissements fusent de toutes parts. Quel brouhaha ! Impressionnant. Visiblement, mon accoutrement plaît à mon public. J'ai un peu l'impression d'être une rock-star montant sur scène, sauf que là je ne viens pas pour chanter mais pour ouvrir le bal... et danser la valse ! Mon cavalier, Gérard Longuet, député et ancien ministre, s'avance et la musique démarre. Je me concentre à fond sur les pas de danse appris quelques heures plus tôt : je ne voudrais pas lui écraser les pieds avec mon 40 fillette ! Horreur ! La musique n'a de valse que le nom : *Les Valses de Vienne* d'un chanteur de variétés français. Mme de Fontenay s'est trompée ! Et moi, j'ai pris un cours de danse pour rien. Tout cela ne serait rien si les organisateurs de la soirée avaient choisi un air plus dansant... mais maintenant que nous sommes sur la piste, il va bien falloir l'ouvrir, ce bal. Quel spectacle ! Moi dans les bras de Gérard Longuet, lui dansant comme si c'était un slow. Rien à voir avec la valse ! Mes parents contiennent leur hilarité. Quant à ma copine Dorothée, dont les parents sont agriculteurs, elle écarquille les yeux de stupeur, comme si elle découvrait l'identité de Miss France ! Quelle drôle de princesse je fais...

À l'approche du dessert, je devine au bruit qui monte dans la salle et qui commence à m'être familier, que les invités n'ont maintenant plus qu'une envie : venir faire un tour à ma table pour une séance d'autographes qui risque de me laisser le poignet ankylosé pendant plusieurs heures si les 2 500 personnes présentes veulent toutes une dédicace. Zut ! Encore un dessert auquel je ne vais pas pouvoir goûter. D'un coup d'œil discret, j'appelle Tania à la rescousse. En bonne copine, celle-ci improvise aussitôt une interview factice qui lui permet de disperser la queue qui commence à se former près de moi.

– Pourriez-vous reculer s'il vous plaît et attendre encore quelques minutes ? Nous devons filmer Miss France et l'interviewer. Elle viendra vous voir après, promis.

Elle me sauve la mise sur ce coup-là, Tania. Je peux finir de dîner tranquillement... et savourer mon dessert ! Du moins ferai-je le tour des tables, distribuerai-je des bises et signerai-je des photos rassasiée.

Quand la soirée prend fin, à 1 h 30 du matin, j'ai affreusement mal aux pieds. En plus, pas question de paresser, demain matin : Tania, l'équipe de *Zone interdite* et moi partons de bonne heure pour Nemours, où se déroule un Salon du mariage. Je vais avoir la joie de défiler en robe de mariée. Moi qui suis célibataire et pas du tout pressée de me marier !

Samedi 17 janvier, 7 heures.

Cinq heures de sommeil. J'avais un peu perdu l'habitude de me lever si tôt. Je prends le petit déjeuner dans ma chambre pour éviter de montrer ma sale tête des réveils difficiles. Heureusement que je ne bois pas d'alcool et que je ne fume pas. Ça me permet de retrouver figure humaine un peu plus vite.

Je dors pendant tout le trajet en voiture, ce qui va devenir une habitude pendant cette année de « règne ». C'est le seul moyen pour moi de récupérer mon retard de sommeil.

18 heures.

Le défilé achevé – tout s'est bien passé –, Tania me laisse entre les mains de Geneviève, qui doit me conduire à une nouvelle représentation : encore un Salon du mariage, mais à Reims, cette fois. Nous voici donc, Mme de Fontenay et moi, pour la première fois en tête à tête. Je m'installerais volontiers à l'arrière, histoire de dormir un peu pour me remettre de la soirée d'hier, mais je n'ose pas laisser Geneviève toute seule devant. Ça ne se fait pas. Et puis je ne sais pas comment elle conduit ! Et vu sa tenue, je m'attends au pire : elle prend tout de même le volant coiffée de son grand chapeau noir et blanc, sanglée dans son tailleur et chaussée de talons hauts. La panoplie complète. Si mon père voyait ça, il en avalerait son code de la route de travers !

Conduite sportive au menu ; Mme de Fontenay adore piloter une voiture. Il faut dire qu'elle n'a pas trop le choix : elle a peur de l'avion et le train ne constitue pas toujours le moyen le plus pratique pour se déplacer de ville en ville.

Je dois avouer que me retrouver seule avec elle m'impressionne beaucoup. C'est Madame de Fontenay... Un personnage, une personnalité, comme on dit, qui force en général le respect, même si son look emblématique un rien décalé et l'institution qu'elle représente suscitent souvent les quolibets des médias.

Et puis, bien que je sois sa « créature », au fond, je la connais à peine. De quoi allons-nous donc parler pendant deux heures ? Moi qui espérais pouvoir somnoler, je découvre que Geneviève ne branche jamais l'autoradio quand elle conduit. Grand silence dans la voiture. Je me creuse les méninges. Lui parler cinéma ? Elle ne doit pas avoir le temps d'y aller et puis, je doute que nous ayons les mêmes goûts. Même chose pour la musique. Je lui raconte donc la soirée d'hier et ma valse-slow avec Gérard Longuet...

20 heures.

Arrivée à Reims. Je sors mes bagages du coffre de la 806.

– Mais Sophie, pourquoi emportez-vous une si grosse valise ? Regardez-moi, je n'ai qu'un petit Vanity pour deux jours.

Si petit qu'il doit à peine pouvoir contenir deux culottes et le strict nécessaire de toilette. Je lui rétorquerais bien que moi, je me change et que je ne porte jamais deux fois d'affilée la même robe et le même chapeau, mais je me retiens. Rendez-vous dans une heure pour le dîner.

L'idée de me retrouver seule à table face à Geneviève m'angoisse. J'ai tort car autant la conversation a été laborieuse pendant le trajet en voiture, autant le dîner est détendu. À ma grande surprise, Mme de Fontenay commande un œuf à la coque et une bière. De la bière ! Le serveur n'en revient pas non plus. Aussitôt, mon interlocutrice me paraît plus humaine et plus sympathique, et ma timidité s'estompe. Elle évoque avec attendrissement son fils, sa petite-fille Adèle et son défunt mari, rencontré – déjà ! – lors d'une élection de Miss qu'il organisait et qu'elle-même avait remportée. Eh oui, Geneviève de Fontenay est une ancienne Miss ! Elle me raconte ensuite comment ils ont créé, ensemble, le Comité Miss France. Un repas agréable, en définitive, qui m'apprend à mieux la connaître.

Dimanche 18 janvier, 11 heures, Salon du mariage de Reims.

Le programme semble identique à celui de la veille, à Nemours. Nous retrouvons sur place trois autres filles qui avaient concouru avec moi en décembre pour le titre de Miss France. Je suis heureuse de les revoir, même si je lis dans leurs yeux l'envie que mon triomphe du 13 décembre dernier leur inspire. De mon côté, je suis un peu jalouse de leur fraîcheur et de leurs traits reposés. À se demander qui est la vraie Miss France ! Heureusement que j'ai mon écharpe pour me distinguer... et que le maquillage existe.

Mme de Fontenay me décrit le déroulement de la journée. Un premier défilé vers 14 heures, en robe de mariée. Puis un second passage vers 15 heures, habillée cette fois de la fameuse robe de princesse blanche au bustier bleu remportée lors de mon élection. Celle que j'avais « customisée » sur la plage de Deauville parce qu'elle n'était pas à ma taille. Mme de Fontenay va hurler quand elle va voir ça ! Car, bien sûr, j'ai pris garde de ne pas l'avertir de ces légères modifications...

Tout se passe bien... si bien qu'on improvise un troisième défilé, à 16 h 30. Succès oblige ! Je sablerai le champagne plus tard.

21 heures, Paris.

Me voici de retour à l'hôtel Concorde Saint-Lazare. Je dis retour, parce que le Concorde Saint-Lazare est peu à peu devenu ma base parisienne. J'y loge chaque fois que je viens dans la capitale et j'y ai mes habitudes. Le personnel est sympa et la situation de l'établissement idéale, centrale. Et puis ce n'est quand même pas un hôtel de seconde zone. Je m'y sens bien. En plus, comme la direction commence à me connaître, elle me garde souvent la même chambre, à un angle du troisième étage.

Mme de Fontenay m'a remis un paquet impressionnant de lettres reçues au Comité. J'y jette un coup d'œil curieux tout en dégustant mon plateau-repas – léger, un potage, car j'ai encore abusé de la bonne chère aujourd'hui. Si je ne veux pas ressembler à une bonbonne, j'ai intérêt à surveiller mon alimentation ! On m'a déjà avertie qu'une Miss France prend en moyenne cinq à sept kilos pendant son « règne »... Aïe.

Lundi 19 janvier, 9 h 15.

Tania débarque dans ma chambre les bras chargés de journaux et de magazines. Je bâille à m'en décrocher la mâchoire. Comment parviendrai-je à tenir une année entière à ce rythme ? Pas de week-ends dans ce métier, ni de jours fériés. Je rêve d'une grasse matinée.

– On va faire une revue de presse pour préparer ton passage à midi chez Laurent Ruquier, sur France-Inter. Histoire que tu les bluffes un peu. Ruquier et son équipe ne sont jamais tendres avec les Miss, et encore moins avec Mme de Fontenay.

Elle a raison, Tania. Avec son sens de la repartie et son humour sans pitié, Ruquier ne fera qu'une bouchée de moi. En plus, c'est du direct. Pas question de couper une réplique ou un bafouillage.

Déjà que chez Drucker, peu après mon élection, je m'étais fait assassiner par Virginie Lemoine et les autres invités. J'aimerais mieux ne pas revivre l'expérience...

13 heures.

Mme de Fontenay et moi pénétrons dans le studio de Ruquier.

– Dépêchez-vous, vous avez une heure de retard. On vous attendait à midi, nous houspille une assistante.

– Quoi ? Une heure de retard ? Ce n'était pas à 13 heures ? Oh, je me suis trompée.

Une heure de retard ? C'est complet. Elle est incroyable, Geneviève. Ne se rend-elle pas compte de l'importance de cette émission ? Déjà que Ruquier ne porte pas tellement les Miss dans son cœur, alors avec ce contretemps, ça va être le massacre. Il va me prendre pour une star qui n'en fait qu'à sa tête. Moi qui n'en menais déjà pas large, je frôle carrément la panique.

Pas Mme de Fontenay.

– Ne vous inquiétez pas, Sophie, ça va bien se passer. Je serai à vos côtés sur le plateau. Ruquier aime bien s'en prendre à moi. Il me surnomme « Madame Fond-de-Teint » ou « Madame Fonds-de-Commerce » et cela fait bien longtemps que cela ne me froisse plus. Il sera sympa avec vous.

Fort heureusement, elle a vu juste et l'émission se déroule sans anicroche. Je récolte même un compliment de la part de l'animateur :

– Enfin une Miss non seulement belle, mais aussi intelligente !

Nous avons deux heures à tuer avant de gagner les studios de La Plaine-Saint-Denis pour enregistrer l'émission de Nagui, *Une soirée d'enfer* (TF1). Geneviève m'annonce alors que nous patienterons jusqu'à notre prochain rendez-vous chez elle, à Saint-Cloud. J'avoue que je suis curieuse de découvrir son cadre de vie, que j'imagine aussi extravagant que ses couvre-chefs.

En fait, Geneviève habite une véritable maison de poupée impeccablement rangée. Décor bleu et blanc dans le salon et dans la cuisine, simple et mignon. Et je ne suis pas au bout de mes surprises car à peine la porte d'entrée refermée, Mme de Fontenay entreprend de se mettre à l'aise. Elle ôte son chapeau et ses talons, qu'elle troque contre une paire de pantoufles ! Dans cet appareil, elle ressemble plus à une mamie qu'à l'impressionnante patronne des Miss.

Très détendue, elle me fait visiter les lieux, sa chambre

et sa salle de bains garnies de tentures roses, puis la chambre de célibataire de son fils Xavier, qui abrite encore sa collection de maquettes de voitures de pompiers. Adolescent, il rêvait de devenir policier ou pompier, à cause des gyrophares – c'est sans doute pour cela qu'il aime tant se faire escorter par les gendarmes quand il se déplace avec ses Miss ! Je me retiens de rire à l'idée d'un Xavier concentré sur ses maquettes à l'âge où l'on se préoccupe plutôt de filles et de sorties. Nous pénétrons ensuite dans une autre chambre, transformée par Geneviève en véritable musée Miss France. Toutes nos robes y sont alignées sur des portants. Un impressionnant assortiment de chaussures et de chapeaux complète la panoplie.

– C'est là que vous pourrez dormir si un jour nous sommes en panne d'hôtel ou quand nous devrons partir plus tôt que d'habitude, m'annonce-t-elle gentiment.

Génial, dormir au milieu de robes de Miss... Cela m'enthousiasme autant qu'un informaticien à qui l'on suggérerait de passer la nuit dans une pièce bourrée d'ordinateurs. Je suis sûre que je ferais des cauchemars.

Notre tour du propriétaire achevé, nous prenons la route pour La Plaine-Saint-Denis. Nagui m'accueille dans ma loge avec un livre sous le bras.

– Tenez, Sophie, je sais que vous aimez les chevaux. J'espère que ce livre vous plaira.

Vraiment adorable, ce qui me réjouit car Nagui compte parmi mes animateurs préférés. Plus jeunes, mon amie Gaétane et moi ne loupions jamais son jeu télévisé *Que le meilleur gagne*. Nous avons même souvent tenté en vain de nous inscrire par Minitel pour y participer. Et ce soir, me voici en face de lui et du chanteur Philippe Lavil, lui aussi très sympa et très rassurant.

De fait, tout se passe bien. Certes, je n'ai pas dit grand-chose, mais d'après Mme de Fontenay, « l'important est que vous n'ayez pas raconté de bêtises et surtout, qu'on vous ait vue ». Évidemment, si on considère les choses sous cet angle... J'en conclus que « la chef » est satisfaite de ma prestation.

Après avoir pris congé d'elle, je saute dans un taxi, direction l'hôtel Bristol (cher à mon cœur), où Mireille Dumas m'attend à 22 heures pour tourner quelques scènes destinées à son émission *La Vie à l'endroit* (France 2), consacrée cette semaine aux palaces.

Pourquoi moi ? Parce qu'immédiatement après mon élection, le 15 décembre, j'ai eu le privilège de dormir dans cet établissement. Et que ce soir-là, par hasard, j'avais croisé Mireille Dumas dans les couloirs, qui tournait les premières images de son reportage. Mes réactions de provinciale naïve plongée dans cet univers de luxe l'avaient tellement amusée qu'elle m'avait persuadée – sans aucun mal, je dois l'avouer – de lui livrer plus tard mes impressions.

Nous terminons les prises de vue vers minuit, non sans déguster au passage le meilleur fondant au chocolat que j'aie jamais goûté. Lorsque le directeur de l'hôtel me propose de passer la nuit dans son établissement, je n'hésite pas une seconde. Voilà qui va me rappeler de bons souvenirs...

Mardi 20 janvier, 9 heures.

Tania me rejoint dans ma chambre pour le petit déjeuner. Au menu, viennoiseries encore chaudes... et lecture de *Nous Deux*, dont je fais la couverture.

Et après, shopping ! En bonne provinciale, je suggère une virée aux Galeries Lafayette.

– OK. Ce n'est pas très loin ; on va y aller en métro.

– Miss France dans le métro ? Tu es folle ? On va me reconnaître. Ça va être l'émeute !

– Mais non. On verra bien. Et puis si on te reconnaît, on descendra et on prendra un taxi.

Heureusement que le trajet ne dure que deux ou trois stations car ça ne loupe pas : j'ai beau dissimuler le bas de mon visage dans le col de mon pull, je ne tarde pas à être démasquée. Que je le veuille ou non, je dois me faire à l'idée que je suis désormais un personnage public. Ce qui implique de changer de façon de vivre.

Notre expédition aux Galeries Lafayette confirme cette impression : les gens se retournent sur mon passage, chuchotent dans mon dos. Cela me gâche tout mon plaisir d'arpenter un lieu qui fait pourtant figure pour moi de véritable caverne d'Ali-Baba. Du coup, je m'achète en vitesse deux ensembles et une veste, puis je me réfugie dans un taxi. Pas toujours facile, la vie de « star » !

18 heures.

Je rejoins Xavier de Fontenay (ça faisait longtemps que je ne l'avais pas vu, celui-là) et sa femme Annie pour un séminaire chez le coiffeur Saint-Algue dont je suis l'invitée vedette. Cela me donne l'occasion de remercier enfin de vive voix M. Glémin pour la splendide montre Pequignet qu'il m'avait offerte le soir de mon élection. Je retrouve également ma « grande amie » Geneviève Leblanc, notre chaperon de Saint-Martin – que j'avais à l'époque surnommée « la fée Clochette » parce que, pendant le stage de préparation, dès qu'elle voulait rassembler les Miss, elle agitait une petite cloche qui semblait greffée dans sa main. Geneviève ne m'a jamais appréciée : sa favorite était Miss Pays d'Ain.

– Tu n'aurais pas un peu maigri ? me demande-t-elle, perfide.

– Maigri ? Non, je ne pense pas. Vu la manière dont je me gave depuis un mois, je ne risque pas de perdre du poids. Et si j'ai les joues creuses, c'est à cause de la fatigue. D'ailleurs, en parlant de ça, je ne vais pas tarder à aller me coucher.

Il est plus de 1 heure du matin et je n'en peux plus. Il faut dire que nous avons profité de l'occasion pour enregistrer un petit jingle avec France 2, en vue de la prochaine Coupe du monde de football, qui se déroulera en France en juin prochain. Un événement d'importance : mon père et mon petit frère Maxime ne parlent plus que de ça. Enfin, quand je dis petit... s'il est effectivement mon cadet, Maxime mesure 1,94 m et joue dans l'équipe de basket du SLUC de Nancy. Ce qui ne l'empêche pas d'être, comme papa, un mordu de foot. Dans la famille Thalmann, pas question d'espérer regarder son feuilleton télévisé favori un soir de match. Quoique infiniment moins calée qu'eux, j'apprécie moi aussi ce sport. Il faut dire que j'ai grandi entourée de « footeux ». Après avoir raccroché ses crampons, mon père a longtemps supporté et sponsorisé l'équipe de Fains-les-Sources, près de Bar-le-Duc, un club de village qui évolue en division de district de la Meuse. Autant dire que j'ai passé plus d'un dimanche avec lui sur les terrains. Au début, je m'occupais en jouant à la marelle avec mes copines, mais au fil des ans, j'ai commencé à me rapprocher de la pelouse, des vestiaires... et des footballeurs !

En attendant, je tombe de sommeil. Vivement que je retrouve ma chambre au Novotel. Comme demain je n'ai rien de prévu, je vais pouvoir récupérer un peu...

Mercredi 21 janvier, 7 h 15.

Réveil en sursaut. Le téléphone de ma chambre sonne. Quoi, déjà l'heure de se lever ? Un imprévu ? Non : le réceptionniste s'est juste trompé de chambre. Je pourrais le tuer ! Pour une fois que je pouvais traîner au lit. J'ai un peu de mal à me rendormir... mais j'y arrive.

15 heures.

Visite des locaux de la société de production de Toni Comiti, le réalisateur de *Zone interdite*. À la clé, un cours particulier de journalisme et l'occasion de voir de près à quoi ressemble une salle de montage. Ça ne se refuse pas ! Pédagogue, Toni m'explique la technique du documentaire. C'est passionnant. Mieux : il me propose de le recontacter après mon année de Miss si cela m'intéresse de travailler avec lui. Que voilà une proposition alléchante.

Avant de rentrer à l'hôtel, je ne résiste pas à la tentation de faire un petit détour par les Galeries Lafayette. Mon shopping avorté d'hier m'a trop frustrée. Et puis, je ne vais pas passer un an terrée chez moi ! Comme de juste, on me reconnaît immédiatement. Oui, mais moi, je ne suis pas là pour sourire à tout le monde, ni pour signer des autographes. Aujourd'hui, plus de Miss France : je redeviens Sophie, qui compte bien profiter des rares instants de liberté que le Comité Miss France lui laisse. Mon regard peu avenant semble dissuader les « mateurs » et autres curieux de m'approcher ou de me guetter à la sortie des cabines d'essayage. Ce qui me permet de faire mes emplettes dans une relative tranquillité. d'aucuns m'accuseront de « cracher dans la soupe », mais même une Miss a besoin d'avoir parfois une vie privée. Ne croyez pas que cela m'amuse de snober ainsi mes admirateurs, mais ce n'est pas toujours évident de sourire en permanence et d'être disponible à 100 % comme je le fais depuis un mois. Et si je ne veux pas craquer, je dois impérativement me ménager quelques plages de tranquillité.

D'ailleurs, ce soir, je compte bien me prélasser dans ma chambre d'hôtel avec un plateau-télé. Non que je sois particulièrement accro du petit écran, même si j'apprécie les émissions de société telles que *Capital*, *Envoyé Spécial*, *52 sur la Une*, *Zone interdite* ou *Culture Pub*. Avec mes copines, nous suivions aussi les péripéties des personnages de quelques séries, mais aujourd'hui mon agenda surchargé m'interdit ce plaisir. Je regrette un peu d'avoir manqué plusieurs épisodes de *Friends*, ma série préférée...

Ce qui est vraiment nouveau pour moi, en revanche, c'est de me regarder à la télé ! J'essaie de ne louper aucune de mes apparitions et mes parents enregistrent tout pour les séances de rattrapage à la maison. N'imaginez pas cependant que je m'admire ; j'aurais plutôt l'œil critique et il est rare qu'une de mes prestations trouve grâce à mes yeux (de même pour les photos). Le plus souvent, je juge mes traits tirés, mes répliques consternantes et mon attitude par trop défensive. Normal pour une néophyte. Mais loin de me laisser décourager par ces difficultés, je profite de chacun de mes passages pour glaner des trucs qui me permettront de m'améliorer à l'antenne.

Jeudi 22 janvier, 9 h 30.

Le téléphone me réveille. Cette fois, pas de méli-mélo au standard : Xavier de Fontenay au bout du fil. Youpi... La journée commence bien ! Il me rappelle (comme si je risquais de l'oublier) qu'on nous attend à midi sur le plateau du Journal de TF1 pour tirer au sort en direct les seizièmes de finale de la Coupe de France de football. Ça, c'est comme le Salon du meuble ou le Salon du mariage : qu'elle aime cela ou non, une Miss France ne peut se dérober au tirage au sort d'une épreuve de foot. Cela fait partie de la tradition. Et puis n'oublions pas que la majorité des téléspectateurs masculins qui regardent l'élection de Miss France sont également amateurs de football. Eh oui, les matchs de foot et l'élection de notre Miss nationale constituent deux piliers de la culture populaire française, dont les retransmissions télévisées battent des records d'audience. Mon père, par exemple, ne manque jamais un match... ni une élection de Miss France. Mais pour l'heure, il espère avant tout que j'aie la main heureuse pour nos deux équipes régionales encore engagées dans la compétition, Metz et Nancy.

13 heures.

Pour procéder au tirage au sort, je me retrouve flanquée d'un monsieur rondouillard que tout le monde semble respecter au plus haut point. Qui cela peut-il bien être ? Enfin, un assistant compatissant remarque ma perplexité et me glisse discrètement à l'oreille qu'il s'agit de Just Fontaine, Justo pour les intimes, recordman des buts marqués en Coupe du monde avec treize réalisations. Un record qui tient depuis 1958. Je n'ai pas intérêt à dire trop de bêtises ! Ici, on est entre professionnels... et entre machos ! Pour vous dire, on n'avait prévu ni coiffeuse ni maquilleuse pour moi.

Au travail. J'écorche abominablement le nom de l'équipe de Wasquehal, mais dans l'ensemble, je m'en tire avec les honneurs. Et je n'ai pas porté la poisse aux équipes de ma région. Nancy se déplacera à Toulon, un autre club de Division 2, et Metz recevra Bastia pour l'un des deux chocs de ce tour entre équipes de Division 1. Ouf ! Je peux rentrer tranquillement chez moi sans risque de me faire taxer de « chat noir ».

Xavier me conduit à la gare de l'Est et il semble que jouer ainsi les chauffeurs ne le ravisse pas du tout. Il fonce à travers les rues de Paris, frôlant l'accident à chaque instant. À son côté, Mme de Fontenay s'agrippe à son siège et ne cesse de le réprimander :

– Moins vite, nous ne sommes pas en retard !

Xavier fait la sourde oreille. À croire qu'il souhaite se débarrasser de moi au plus vite. Je ne pensais pas si bien deviner ses intentions. À 14 h 20, il stoppe la voiture en double file devant la « dépose minute » de la gare. Mon train est dans une heure, mais je comprends vite que je devrai l'attendre seule. Et, le croiriez-vous, il ne m'aide même pas à sortir mes bagages du coffre, encore moins à les porter jusqu'au quai ! Ça tombe mal car ça fait six jours que je suis en vadrouille sans repasser par Bar-le-Duc et je suis chargée comme un baudet. Et Geneviève, dans la voiture, qui ne bronche pas. Incroyable !

Me voilà donc avec une heure à tuer, qui se mue bientôt en trois heures lorsqu'une voix désincarnée annonce au micro que « le train pour Bar-le-Duc partira à 18 h 20 ». Quelle tuile ! En plus, je ne suis pas très à l'aise, car une Miss France de 1,81 m seule dans une gare traînant péniblement une demi-tonne de bagages, ça ne passe pas inaperçu. Les autres voyageurs ne se gênent pas pour tourner autour de moi comme si j'étais un monument fraîchement érigé au milieu de la gare. On m'aborde, on me demande des autographes. En revanche, pour ce qui est de m'aider à coltiner mes valises, bernique ! Quand un attroupement commence à m'entourer, je panique. Comment les Fontenay mère et fils ont-ils pu m'abandonner dans cette panade ? Et si un fou décidait de s'en prendre à moi ? Oublié le sourire Miss France ! Je me précipite sur le premier contrôleur que j'aperçois.

– Excusez-moi, monsieur, auriez-vous un endroit où je pourrais attendre mon train au calme ?

– Ah, mais je vous reconnais : vous êtes Sophie Thalmann, Miss France ! Je n'ai que la salle des contrôleurs à vous proposer, mais vous y serez tranquille. Suivez-moi.

Je pénètre alors dans une salle lugubre, mal éclairée. Ce n'est pas l'endroit le plus folichon pour attendre un train mais au moins j'y serai en sécurité. Les agents SNCF qui font la pause semblent ravis de mon intrusion... et en profitent pour me faire signer quelques autographes. Ils sont sympa, mais j'enrage contre Xavier. D'autant plus que c'est la deuxième fois qu'il me fait le coup.

*

* *

La première fois, c'était le 20 décembre, une semaine seulement après mon élection, semaine que j'avais passée à me faire chouchouter, entourer, aider, guider à travers les plateaux de télé et à vivre comme une reine. Je me disposais à regagner Bar-le-Duc pour passer les fêtes de Noël en famille. Moi qui m'attendais naïvement à ce que le Comité Miss France me fournisse un chauffeur, voire un garde du corps, j'avais dû me contenter de prendre un taxi seule avec ma montagne de bagages. Je trimbalais même encore ma couronne, emballée dans sa housse. Arrivée dans la gare, j'avais dû me frayer un passage dans la foule des départs en vacances, sous les regards curieux des badauds : « Tu as vu la fille, là-bas ? On dirait la Miss France. Tu crois que c'est elle ? » Depuis une semaine, j'étais passée maintes fois à la télé et mon minois faisait la une de plusieurs des magazines en vente dans les kiosques à journaux de la gare. Impossible de passer inaperçue. Et il fallait que je gère ça toute seule. Terrifiant. Mes parents seraient fous de rage quand ils apprendraient que Mme de Fontenay avait permis qu'un tel imbroglio se produise.

Pendant le trajet en train, la situation ne s'est pas arrangée : tout le wagon et une bonne partie des passagers des autres voitures ont défilé devant mon siège pour me réclamer un autographe ou me demander – quoi d'autre ? – : « Alors, ça fait quoi d'être Miss France ? » Moi qui espérais dormir un peu... Mais pas question d'envoyer ces braves gens paître. J'espérais seulement qu'un cinglé ne se dissimulait pas parmi eux.

Ce jour-là, j'avais maudit Mme de Fontenay. On ne transforme pas une petite provinciale inconnue en vedette pour la laisser assumer seule les aléas de cette célébrité soudaine. À sa décharge, je crois qu'elle voit la vie à travers des lunettes roses. Allez lui expliquer que le monde de princesses et de paillettes, de courtoisie et de sécurité qu'elle prend pour la réalité en est en fait bien éloigné. Ou que le titre de Miss France ne suffit pas toujours à forcer le respect.

Je crois aussi qu'elle n'a pas encore bien pris la mesure de ma popularité inhabituelle pour une Miss. Aucune de mes aînées n'a bénéficié d'une telle couverture médiatique ou d'un tel capital de sympathie. Et jamais cérémonie n'avait atteint le niveau d'audience enregistré par TF1 le 13 décembre dernier. On reconnaissait les Miss dans la rue pendant la semaine qui suivait leur élection, mais la mayonnaise ne tardait pas à retomber et il leur suffisait d'ôter leur diadème et leur écharpe pour retrouver la tranquillité.

Vendredi 23 janvier, 10 heures.

Une journée plutôt agréable m'attend, en compagnie de Tania et de l'équipe de *Zone interdite.* Pour compléter les images déjà tournées lors de nos déplacements et les scènes « vécues » filmées chez mes parents juste après mon élection, nous restons à Bar-le-Duc. Il s'agit de mettre en boîte des tranches de vie plus personnelle destinées à casser le rythme effréné que le documentaire prendrait si l'on ne diffusait qu'un enchaînement de représentations. Je vais faire l'actrice, en quelque sorte.

Le tournage commence chez mes grands-parents, avec qui je regarde une nouvelle fois les photos prises lors de mon élection. Nul besoin de jouer pour paraître émue ! Ensuite, direction le centre ville. Tania me demande de déambuler naturellement dans les rues. Facile à dire, avec une caméra dans le dos et tous les curieux qui m'observent et se retournent sur mon passage.

Le programme de l'après-midi est plus séduisant. On va évoquer mes loisirs favoris, et donc l'équitation. Et l'équipe va me filmer avec mon cheval, Auteuil – en fait, Auteuil n'est pas tout à fait à moi : il appartient à Enerique, un ami de la famille, qui m'autorise à le monter et à m'en occuper « comme si c'était le mien ». Et je ne m'en prive pas.

Depuis mon plus jeune âge, j'adore l'équitation et les chevaux. Mon rêve : posséder ma propre monture, évidemment, mais pour l'instant, je n'aurais ni la place de l'héberger ni le temps de m'en occuper. Pourtant, depuis que je suis Miss France, plusieurs agriculteurs m'ont écrit pour me proposer un de leurs chevaux en cadeau. Si j'avais accepté toutes ces offres, je serais aujourd'hui à la tête d'un haras. Mais inutile de rêver : je ne vais pas pouvoir consacrer beaucoup de temps à ma passion cette année (on m'a déjà prévenue que je ne repasserais chez moi qu'une fois par semaine environ).

Mais cet après-midi, Tania souhaite me filmer en selle. Dommage qu'Auteuil semble si nerveux. J'aurai l'air fin s'il me fait mordre la sciure ! Et cela risquera de faire le tour des bêtisiers télé. Mais Auteuil se montre très pro et tout se passe à merveille.

Le soir, j'ai prévu, toujours à la demande de Tania, un dîner « impromptu » avec des amis d'enfance et d'université. C'est parti pour une soirée pizza chez Babou, avec Yannick, Benoît et Sylvie, très amusés d'avoir à répondre à des interviews. Difficile de nous montrer naturels et spontanés, comme si c'était la première fois que nous nous revoyions depuis mon titre. Par chance, la télé diffuse une émission à laquelle j'ai participé. À force de la commenter et d'en rigoler, nous finissons par complètement oublier la caméra.

Et voilà. Clap de fin de cette instructive journée de tournage. Je me demande bien comment Tania va réussir à condenser ses dix heures de rushes en un documentaire de vingt-six minutes. Bon courage !

Lundi 26 janvier, 7 h 54.

Départ en train pour Paris, toute seule.

À la descente du train, surprise : Mme de Fontenay m'attend sur le quai, l'air rien moins que ravie de devoir jouer les accompagnatrices. En plus, il a fallu qu'elle arrive à l'heure ! J'imagine qu'elle n'a guère apprécié le fax cinglant que mon père lui a adressé, hier, pour fustiger son attitude et celle de son fils, jeudi dernier. Peu m'importe : elle n'a qu'à assumer son rôle comme je le fais du mien.

Comme Geneviève déteste qu'on lui fasse des reproches, et qu'elle ne peut tout de même pas blâmer mes parents de s'être légitimement inquiétés de mon sort, c'est sur moi qu'elle se défoule, m'entraînant tambour battant dans un hôtel en face de la gare, au standing bien éloigné de celui auquel je me suis accoutumée depuis mon élection.

– Je me suis arrangée avec la direction de l'hôtel Terminus, me lance-t-elle sèchement. Vous pourrez m'attendre dans le hall d'entrée si j'arrive en retard. Sous entendu : « Tiens, petite fille gâtée, tu te plains ? Voilà ta punition ! »

Le déjeuner est consacré à une interview pour le mensuel *Personality*, qui prépare un dossier thématique sur la Lorraine.

À 14 heures, départ en voiture pour Épinal, où je dois passer deux heures à dédicacer des posters et des photos dans le hall d'exposition de L'Imagerie d'Épinal, sans oublier de répondre aux questions des journalistes de *L'Est Républicain*. Là encore je ne chôme pas. La foule est au rendez-vous. Et si certains se contentent d'une signature et d'un sourire, d'autres viennent avant tout pour bavarder avec moi et me raconter leur vie. Il en est même, comme Frédéric, qui semblent carrément me confondre avec une assistante sociale. Après m'avoir félicitée et complimentée sur mon sourire, il attaque franco :

– Vous savez, j'ai trente et un ans, je suis horticulteur, malheureusement au chômage. Je suis marié depuis quatre ans. Comme vous, j'aime beaucoup les animaux, la nature et le football. Je possède deux chattes, des perruches, un canari, cinq poissons rouges et mes chanteurs préférés sont Balavoine, France Gall, Michel Berger, Lara Fabian et les Spice Girls.

Le tout débité en quelques secondes quasiment sans reprendre son souffle. Je suis très touchée qu'il se confie ainsi à moi, mais je sais aussi que si on lui en laissait le loisir, il m'expliquerait par le menu ses problèmes de couple ou me demanderait si personne, parmi mes relations, ne pourrait lui donner un emploi. Et il ne représente qu'un cas parmi des centaines d'autres. Pour bon nombre de mes interlocuteurs, obtenir ma photo dédicacée n'est qu'un prétexte pour se décharger sur moi de leurs soucis et se faire remonter le moral. Ils ont l'impression que parce que je vis un conte de fées, mon bonheur va pouvoir déteindre sur eux en une simple conversation. À l'issue de son mandat, une Miss France pourrait sans peine se recycler comme psychologue, voire comme psychanalyste, tant les gens lui ont exposé leur vie privée. En attendant, il me faut leur répondre. Quelques petits mots encourageants, un sourire, quelques secondes d'attention, trois fois rien en somme (si je consacrais plusieurs minutes à chacun, on y passerait la nuit), mais cela suffit à en requinquer certains. Alors je fais cet effort. L'exigence principale de mon nouveau métier n'est-elle d'ailleurs pas de rester toujours à l'écoute, gentille et souriante ? C'est aussi un peu pour ça qu'on me paie.

Car à la fin de la journée Mme de Fontenay me remettra un chèque de 2 500 francs. Pour deux ou trois heures de dédicaces, c'est bien payé. La plupart des gens que je viens de rencontrer gagnent cela en dix jours de travail à raison de huit heures quotidiennes. Je n'ai cependant pas l'impression de voler ce salaire : endosser l'habit de Miss France représente beaucoup de travail et de sacrifices. Et puis cela ne va pas faire de moi une millionnaire, même si on estime qu'avec les cadeaux qu'elle reçoit, une Miss empoche dans l'année environ 500 000 francs – un autre volet du conte de fées.

Mardi 27 janvier, 10 heures.

Pauvre facteur de Bar-le-Duc : depuis mon élection, il charrie dans sa sacoche devenue bien trop petite des centaines de lettres supplémentaires. Incroyable. Comme je n'avais jamais imaginé remporter le titre et encore moins ce qu'une telle victoire impliquerait en termes de célébrité, l'adresse de mes parents figure toujours dans l'annuaire et sur Minitel, si bien que le courrier arrive directement chez moi. À cela s'ajoutent les enveloppes simplement libellées « Sophie Thalmann, Miss France, Bar-le Duc », qui arrivent très bien !

Ces missives proviennent de la France entière mais aussi d'Afrique francophone (Cameroun, Sénégal, Afrique du Nord) et d'Europe (Suisse, Belgique), où l'on a suivi mes tribulations à la télé et dans la presse.

J'adore lire ce courrier. Enfin, je dis ça aujourd'hui mais s'il continue à affluer à ce rythme, je risque de saturer. En attendant, je me délecte de ces petits mots longs de trois pages ou de trois lignes, parfois illisibles, ou encore qui sont truffés de fautes d'orthographe... mais tellement chargés d'admiration, d'amour et d'encouragements pour l'avenir – et quelquefois aussi d'une pointe d'envie.

Cela fait toujours plaisir de voir qu'on est appréciée et pas uniquement par les garçons. De la jeune fille qui rêve de vivre la même aventure que moi au petit papy qui aurait aimé m'avoir comme belle-fille, mes admirateurs s'échelonnent de sept à soixante-dix-sept ans. Lorsque je lis leurs lettres, je comprends mieux ce que je leur apporte, même si 90 % d'entre eux ne le traduisent que par une demande de photo dédicacée.

Francis, par exemple, aimerait que j'envoie un petit mot

à « sa chère maman qui va avoir soixante-dix ans et qui se bat contre une maladie depuis l'âge de trente-six ans. Vous êtes sa fierté ».

Mélanie, dix-sept ans, rêve de devenir Miss France et de me rencontrer. « Surtout depuis le jour où j'ai été élue première dauphine de mon village. Mon vœu le plus cher serait de te parler, et, pourquoi pas, de voir ta couronne. »

David, neuf ans, veut absolument une photo pour faire le beau et « prouver à ses copains » qui m'adorent qu'il a bien le privilège d'être en contact avec moi. C'est mignon.

Plus opportuniste, Marième, une Sénégalaise, me fait un appel du pied : « Si parmi toutes les personnes que tu auras à côtoyer quelqu'un a la bonne idée d'offrir un billet pour la Coupe de monde de foot, penses à une fille qui *adooooore* le foot. »

Quant à Sandrine, vingt-deux ans, elle souhaite correspondre avec moi et me prend par les sentiments : « Je suis orpheline depuis l'âge de douze ans et je n'ai pas eu une enfance heureuse avec ma mère. C'est pourquoi écrire et recevoir des lettres me fait du bien. »

Sans compter ceux qui veulent savoir à tout prix « ce que ça fait d'être Miss France », ceux qui me demandent en mariage ou ceux qui me fixent rendez-vous sous la tour Eiffel !

Voilà pour les correspondants gentils... Car je reçois évidemment mon lot de missives émanant de cinglés de tout poil et autres illuminés... L'un d'eux prie la vierge Marie, « douce petite reine de mon cœur » de m'aider à faire chaque jour un pas vers Jésus et après avoir exprimé le vœu de me voir « un jour heureuse au Ciel », conclut par un inquiétant « Je serai “votre petit fou de Dieu” »... Un autre m'a adressé plusieurs fois la même missive à des dates différentes. Plus grave : les lettres cochonnes voire carrément pornographiques, comme celle de ce correspondant qui m'avertit d'emblée – au cas où l'en-tête « Désirs et desiderata » ne m'aurait pas mis la puce à l'oreille – : « Je t'adresse un courrier osé »... Après quoi, il ne m'épargne rien de ses fantasmes et de ses vues sur le couple. Et en plus il donne son nom et ses coordonnées. Je vous assure que cela fait peur. Il m'est arrivé de ne plus oser ouvrir mon courrier tant je redoutais d'y trouver les élucubrations d'un nouveau déséquilibré... La rançon de la gloire, me direz-vous. Oui, mais moi j'ai la trouille !

Jusqu'à présent je me suis fait un point d'honneur de répondre à chacune des lettres « normales » que je reçois et aujourd'hui, je compte bien entamer un peu la pile de courrier impressionnante qui encombre le salon de mes parents : en un mois, j'ai déjà reçu plus d'un millier d'enveloppes et nous ne savons plus où les entreposer. Mais j'ai beau mettre ma mère et ma grand-mère à contribution pour rédiger les adresses, je n'avance guère.

Jeudi 29 janvier, 10 heures.

En route pour Gérardmer, dans les Vosges, et son Festival « Fantastic Arts ». Par chance, j'adore le cinéma fantastique et les films d'horreur : quand j'avais treize ou quatorze ans, je louais des films « gore » et mes deux longs métrages préférés sont *Le Silence des agneaux* et *Seven* – même si après avoir vu ce dernier j'ai eu du mal à m'endormir le soir. En plus, je vais avoir l'occasion de rencontrer des comédiens.

Déception : le film qu'on nous projette ne vaut pas un

clou. J'aurais bien aimé rester pour en voir d'autres, mais François m'a concocté pour demain un autre programme... un tout autre programme ! Après un après-midi de signatures d'autographes au pied des pistes de ski (le mini-chalet dans lequel on m'a installée est immédiatement pris d'assaut), je retourne donc au bercail.

Vendredi 30 janvier, 9 h 30.

Départ pour Neufchâteau, toujours dans les Vosges, où François Christin a accepté l'invitation de l'Union des commerçants de la ville. Je suis censée faire des dédicaces dans quelques magasins : une représentation classique. Accueil en grande pompe par le maire et le président de l'association des commerçants. Une équipe de France 3 et un représentant de *L'Est Républicain* sont également présents.

Première étape : la boulangerie Blondot, rue de France (l'une des deux artères les plus commerçantes de la ville). Pour maximiser leurs chances d'attirer du monde, les propriétaires du magasin ont organisé une tombola avec, à la clé, un voyage en Tunisie à gagner. Installée derrière le comptoir, je dédicace à tout va... entre deux pains au chocolat. Certains clients qu'on n'avait pas informés de ma venue paraissent carrément paniqués par l'agitation ambiante. Au bout d'une demi-heure, j'émigre vers l'épicerie voisine. Là, je trône près des oranges pendant trente nouvelles minutes, stylo en main et sourire aux lèvres. Je n'ai pas le temps de m'ennuyer, croyez-moi.

Déjà l'heure de déjeuner au restaurant l'Éden, le plus coté de la ville. L'ambiance est détendue. Le maire, M. Drapier, costume bleu et cravate jaune, semble très décontracté ; il me réconcilie avec une fonction que j'imaginais invariablement austère et guindée. Je contribue bien involontairement à cette ambiance bon enfant car je laisse échapper mon couteau, qui retombe sur ma fourchette, catapultant ce qu'elle tenait dans l'assiette du maire. Exactement comme Julia Roberts dans *Pretty Woman*. La glace est rompue.

Il est 14 h 30 quand mes hôtes me lâchent dans une autre rue commerçante de Neufchâteau, la rue Saint-Jean. « Allez, me dis-je, encore trois ou quatre magasins et on rentre. » C'est alors que François Christin m'annonce, l'air de rien, le « petit programme » qu'il m'a préparé : j'ai dix-sept établissements à visiter ! Ce qui présage au moins quatre heures de dédicaces, et encore, à condition de les effectuer au pas de charge !

Dès 16 h 30, avec la sortie des classes, ça tourne au délire : je suis bousculée, assaillie de demandes d'autographes, de bisous et de photos. On m'offre qui des bonbons, qui des fleurs, qui un pendentif. Je ne sais plus où donner de la tête. Dans certaines boutiques, on frôle l'émeute et les gendarmes sont obligés d'intervenir pour rétablir l'ordre. De mon côté, j'ai de plus en plus de mal à signer mes cartes tellement j'ai mal au poignet. Quant au sourire, il y a déjà une heure qu'il a viré à la grimace crispée ! Et je suis à moitié aveugle à force de recevoir les flashes dans les yeux.

À 18 heures, j'ai liquidé le stock de 1 300 photos prévu pour la journée. Et il me reste une heure à tenir. Du coup, je dédicace n'importe quoi : des calepins, des serviettes en papier, des casquettes... Je ne regarde même plus mes interlocuteurs : je signe ! Une vraie machine.

Mon calvaire se termine à 19 heures par un pot à la

mairie. J'ai tout fait : un magasin d'électroménager, trois boutiques de prêt-à-porter, une société d'assurances, un garage, deux bijouteries, un magasin de sport, deux restaurants, et j'en oublie. Et il faut encore que j'aille faire des mondanités... Incapable d'y aller directement, je me réfugie dans le bureau du maire, où je m'abandonne à une crise de larmes de rage et d'épuisement. Comment François a-t-il osé accepter en mon nom un tel marathon ? On me traite comme une bête de foire. Et en dépit de la gentillesse des Néocastriens, je me sens salie et honteuse par cette exhibition. Plus jamais ça !

Une fois seule avec les Christin, je laisse libre cours à ma colère. Promis : ils ne me feront plus jamais subir une telle épreuve. Ils ont intérêt, sinon je rends ma couronne. Ce soir, nous logeons à l'hôtel du casino de Contrexéville, tenu par un couple d'amis intimes de Babeth et François, M. et Mme Bourjois. Des gens charmants et psychologues qui comprennent au premier regard que la seule chose dont j'aie besoin est de repos. Je gagne ma chambre sans dîner. Dodo. Quel cauchemar !

Samedi 31 janvier, 10 heures.

À peine remise de mes émotions d'hier, me voilà devant les caméras de l'émission *Célébrités*, sur TF1, venues me consacrer un reportage. C'est bien moins fatigant que de signer des autographes ! Et incomparablement plus amusant. Interview, déjeuner avec le maire de Contrexéville et un après-midi calme en perspective : je dois dédicacer des photos dans un grand bureau confortable du casino. Comme il s'agit d'un lieu moins passant, je trouve le temps – luxe suprême ! – de téléphoner, de me dégourdir les jambes et même d'aller aux toilettes (ce n'était pas toujours le cas).

Demain, nous retournons à Gérardmer, où je dois remettre un prix lors de la cérémonie de clôture du Festival « Fantastic Arts ». Nous coucherons en route à Ventron, une petite station vosgienne. Arrivée féerique avec une haie d'honneur de moniteurs de ski munis de flambeaux sur fond de neige. C'est *Heidi à la montagne* !

À l'Ermitage Frère Joseph, tenu par la famille Leduc, on m'a réservé une chambre adorable – rebaptisée pour l'occasion « Suite Miss France » – au décor typique de chalet de montagne : poutres apparentes, petites fenêtres, grand lit et mobilier rustique. Quand j'aurai une maison, je veux qu'elle ressemble à cela.

BILAN DU MOIS DE JANVIER

– Nuits d'hôtel : 23

– Nuits à la maison : 8

– Passages télé : 12

– Représentations : 20

– Photos dédicacées : 12 000 (Le Salon du meuble, la soirée des agriculteurs et la journée à Neufchâteau ont porté un sacré coup aux stocks du Comité ! J'ai carburé à 150 à 200 signatures de l'heure.)

– Bises : 7 000 environ (À raison d'une par personne, et encore je ne m'amuse pas à compter.)

– Kilomètres parcourus : 5 200

– Vacances : 0

– Kilos pris : 1

Dimanche 1er février, 8 h 30.

Thibaut Leduc, le gérant de la station, fait chauffer son scooter des neiges pour me convoyer jusqu'au pied des pistes. Génial : je n'ai jamais enfourché un tel engin. Oubliées les représentations éreintantes ; ce matin je ne vois plus que les bons côtés de mon titre. Car être Miss France, c'est la garantie de vivre chaque jour des « premières » : premier passage à la télé, première nuit dans un palace, premier voyage à l'étranger, premier vol en jet privé et, aujourd'hui, première virée en motoneige. Et tout cela en un mois et demi. Encore dix mois et demi de découvertes et d'aventures. J'ai vraiment de la chance.

Après une courte visite aux moniteurs de ski du Ventron, mon chauffeur des neiges me dépose au jardin d'enfants de la station, qui organise une compétition de ski, un slalom géant à l'issue duquel je remettrai leur Flèche aux meilleurs jeunes descendeurs. S'ils savaient que je tiens à peine en équilibre sur des skis... J'ai dû descendre ma première piste (verte) à l'âge de dix-huit ans car, quand j'étais enfant, mes parents n'avaient pas les moyens de m'envoyer aux sports d'hiver et mon école ne proposait pas de classes de neige. Trop tard pour espérer rattraper le niveau de mes copains.

Après un agréable déjeuner dans un restaurant d'altitude, je m'installe au soleil sur la terrasse de l'établissement pour une séance de dédicaces très cool. Les skieurs passent me demander un autographe entre deux descentes : pas d'embouteillages et en plus je fais bronzette.

Mon bain de soleil est interrompu vers 16 h 30 par l'arrivée de Mme de Fontenay. Un événement dont les habitants et les vacanciers du Ventron se souviendront longtemps... car qu'il pleuve, qu'il vente ou qu'il neige, que le sol soit sec, boueux ou enneigé, notre Geneviève ne modifie pas d'un iota sa tenue vestimentaire. C'est ainsi qu'elle gravit la centaine de mètres de piste bien damée qui la sépare de moi dans ses chaussures à talons, en robe et chapeau. Hallucinant ! Elle-même en rigole. Au fond, elle se sait, tout comme moi, esclave de son image. Si elle remisait son costume noir et blanc et son chapeau, les gens lui feraient des réflexions au même titre qu'à une Miss qui négligerait de porter son écharpe ou sa couronne.

Nous regagnons l'hôtel, où une jeune coiffeuse locale m'attend pour me faire belle en vue de la remise des prix du festival de Gérardmer. À ma grande surprise, elle s'est installée dans ma chambre accompagnée de son père, de son petit copain et de ses frères et sœurs, et même d'un photographe du journal local, *La Liberté de l'Est*. Ils sont tous alignés en rang d'oignons à attendre que le spectacle commence. Je rêve ! Ils se croient au cirque ou quoi ? Ils auraient au moins pu me demander mon accord. Je mets rapidement tout ce petit monde dehors. Non mais !

19 heures, Gérardmer.

L'heure est venue pour moi de remettre le premier prix du festival en compagnie d'une autre belle plante, brune celle-ci, Vanessa Demouy. Nous félicitons l'équipe du film vainqueur : *Le Loup-Garou de Paris*, avec Julie Delpy et Pierre Cosso.

Au dîner, je fais la connaissance de Mireille Darc. Et je suis très intimidée : c'est la première fois que je converse avec une actrice de renom. Pour changer, c'est moi qui joue les groupies et pose mille questions. Très gentiment, elle me donne quelques conseils sur la façon d'orienter ma carrière post-Miss France et m'encourage à suivre son exemple en réalisant des documentaires. Voilà qui me change agréablement des interlocuteurs – la majorité – pour qui une Miss est forcément idiote et tout juste bonne à porter son écharpe et à sourire. Comme cette image m'agace, je ne perds pas une occasion de rappeler que j'ai fait des études et de prouver ma capacité d'aligner deux phrases d'affilée sans dire de bêtises. C'est épuisant.

LE MÉTIER QUI RENTRE

Mercredi 4 février, 9 h 30, Bar-le-Duc.

Après deux jours de repos, je reprends le travail de manière fort agréable en accueillant chez mes parents l'équipe de l'émission *30 Millions d'amis*, sur TF1, venue réaliser un reportage sur mon amour des animaux... et sur mes compagnons à plume et à poil. Ma chienne Jockie semble apprécier l'attention qu'on lui porte car elle ne quitte pas la caméra des yeux. À moins que ce ne soit le cadreur qui lui plaise. Erreur : elle convoite la barre chocolatée qu'il déguste. Du coup, cette grosse gourmande se plante devant lui, bien décidée à en obtenir sa part. Et quand Jockie a une idée derrière la tête, elle n'en démord pas. Il nous faut donc attendre que madame la têtue se fasse une raison avant de reprendre le tournage. Remarquez que j'aurais volontiers, moi aussi, croqué une barre chocolatée. Telle maîtresse, telle chienne...

Pour les séquences en extérieur, ma copine Katia et Mayeul, son labrador noir, nous prêtent main-forte. Au programme : une promenade en forêt, comme nous en faisons ensemble avec nos chiens chaque samedi depuis quatre ans.

20 h 30.

Pour la première fois depuis le 13 décembre, je trouve le temps d'aller au cinéma. Ce soir, je vais voir *Titanic* avec maman et des copines, comme au bon vieux temps. Sauf que désormais la direction du cinéma m'offre les places ! Merci M. Pompadour !

Jeudi 5 février, 18 heures.

Arrivée à la gare de l'Est. Mme de Fontenay n'est pas là ; le contraire m'aurait étonnée. Comme convenu, je vais donc l'attendre dans le hall de l'hôtel Terminus. Une demi-heure plus tard, c'est ma coiffeuse qui vient « récupérer le paquet », avec sa propre voiture. Encore un taxi d'économisé pour la famille de Fontenay !

De deux choses l'une, soit Geneviève et Xavier de Fontenay ont un réel problème avec l'argent, soit tout est bon à leurs yeux pour faire des économies. Ils ne perdent jamais une occasion de me demander de me déplacer en bus ou en métro plutôt qu'en taxi. Et je commence à bien connaître Orlyval et les navettes d'Air France qui desservent les aéroports parisiens. Sans compter le nombre de fois où je trouve à la gare un coiffeur, un maquilleur ou un assistant de production d'une des émissions qui m'invitent. Aucune économie n'est superflue pour la société Miss France et Xavier rechigne à me rembourser mes rares notes de frais, pourtant inévitables. Avec les commissions prises sur mes représentations, la société qu'il dirige (Geneviève n'en est que salariée) n'est quand même pas au bord de la faillite ! D'autant plus que je viens de lire dans un reportage me concernant, paru hier dans *Le Nouvel Économiste* : « Sur une gagnante, la société

Miss France déclare toucher environ 250 000 francs, avantages en nature non compris, et, hors droits perçus sur l'émission diffusée par TF1, environ 1 million de francs. » Je mémorise bien ces chiffres ; on ne sait jamais.

Aujourd'hui, c'est une nouvelle fois ma coiffeuse qui me convoie jusqu'aux studios d'enregistrement de France 3 pour l'émission *Fa Si La Chanter*, animée par Pascal Brunner. Pas d'invités ordinaires aujourd'hui : tous les participants sont des personnalités. Sont déjà présents quand j'arrive Gérard Holtz, Pierre Sled, Plastic Bertrand, Sophie Forte et François Feldman.

Contre toute attente, je dépasse la première manche, grâce à l'aide efficace de mon partenaire, un petit garçon de onze ans qui se révèle beaucoup plus doué que moi.

Côté ambiance, Gérard Holtz et Pierre Sled se chargent de mettre de l'animation en confectionnant pendant une pause une fausse écharpe de Miss... en papier toilette, qu'ils arborent bientôt sur le plateau. Moi, je trouve ça très drôle, mais heureusement que Geneviève et Xavier ne sont pas là... Enfin, c'est ce que je crois jusqu'à ce que des hurlements retentissent en coulisses. Xavier vient d'arriver, suivi de près par sa mère. Et ils n'apprécient manifestement pas que l'on raille ainsi l'emblème de leur institution. La fausse écharpe disparaît et tout rentre dans l'ordre. Mais, entre-temps, nous nous sommes bien amusés.

Après l'enregistrement, Pierre Sled, à l'époque animateur de *Stade 2*, sur France 2, me suggère de le contacter si un jour l'envie me vient de travailler dans le monde du sport télévisé. Se pourrait-il que l'on commence à me prendre au sérieux ?

Vendredi 6 février, 9 heures.

Je me réveille tout excitée. Ce soir, je vais enfin participer à un gala, à l'occasion de l'élection de Miss Meurthe-et-Moselle. Le premier d'une longue série puisque je suis censée assister à la majorité des élections des Miss régionales qui se disputeront en décembre prochain pour ma place et ma couronne.

À 11 heures, Mme de Fontenay achève d'empiler dans le coffre de la 806 ses malles pleines de robes, de chaussures et d'accessoires pour les défilés du soir et nous prenons la route pour Villerupt. J'angoisse à mort car Séverine, une ex-Miss habituée des galas de Geneviève, nous accompagne. Non qu'elle soit antipathique, bien au contraire, mais elle est trop jolie ! Elle a tout de même été élue Miss Top Model of the World. Il va falloir que j'assure si je ne veux pas que tout le monde se dise quand je défilerai avec elle : « C'est ça, Miss France ? » Pour mon premier gala, je joue de malchance. Enfin, pourvu que je ne m'emmêle pas dans mes chorégraphies... que je ne connais pas encore et qu'il va me falloir répéter juste avant la soirée – si j'en ai le temps car, évidemment, nous sommes en retard.

N'ayant pas grand-chose à faire avant les répétitions, qui démarrent à 18 heures, Mme de Fontenay et Séverine ne sont pas pressées de se rendre à Villerupt. Seulement, moi, je viens d'apprendre que je dois assurer auparavant une séance d'une heure et demie de dédicaces à l'Intermarché local. Une prestation comprise dans les 2 500 francs que l'on me donne pour le gala. Merci, Xavier ! Heureusement, les journalistes de *52 sur la Une*, qui me suivent pour immortaliser ce gala initiatique, sont plus ponctuels et disposent d'une place dans leur voiture.

La séance de dédicaces à l'Intermarché réunit tous les critères pour me faire paniquer. Le lieu tout d'abord : un supermarché. Pas très glamour. Ce genre d'endroit ne reçoit d'ordinaire que les personnalités en perte de vitesse soucieuses de boucler des fins de mois difficiles. Ensuite, qui me dit que je ne vais pas me retrouver à côté du rayon boucherie-charcuterie ou au milieu des fruits et légumes ? Enfin, quoi qu'il advienne, cela ne pourra pas être plus pénible que ma prestation du 5 janvier dernier, chez moi, au supermarché Auchan de Bar-le-Duc.

*

* *

Moi qui ai été accueillie comme une reine lors de mon retour à Bar-le-Duc, me voilà deux semaines plus tard à l'entrée du supermarché Auchan à distribuer des photos barrées de ma signature.

Le plus angoissant, c'est l'arrivée. Le directeur et ses adjoints battent la semelle à l'entrée. François Christin me rassure :

– Ne t'inquiète pas, tu es chez toi ! Ça se passera bien. Tout le monde t'aime ici.

Justement, tout le problème est là : je suis chez moi et à peine dans le magasin, je reconnais des visages familiers au milieu de curieux alertés par les affiches placardées dans toute la ville et dans l'enceinte du supermarché. Dire que l'an dernier je travaillais là comme caissière pour me faire de l'argent de poche !

Le directeur, fier comme un paon, me promène entre

les travées. Pas pour me faire visiter ce lieu que je connais fort bien, mais pour bien montrer à tout le monde que la Miss est arrivée. Et au cas où il s'en trouverait encore pour ne pas me reconnaître, en dépit de mon écharpe et de la cour qui me suit, un animateur hurle dans un micro : « Sophie Thalmann, Miss France 98, est parmi nous ! » La totale.

Chaque fois que je passe devant un rayon « délicat », tel que celui de la charcuterie, par exemple, j'ai un pincement au cœur : « Pourvu que mon stand ne soit pas là ! » Je m'imagine déjà en photo à côté des boudins à la une de *L'Est Républicain* avec un titre de circonstance... Je ne m'en remettrais pas. Vous pensez que j'exagère ? C'est déjà arrivé à d'autres. Heureusement, on m'a installée au rayon disques-librairie. Et mes fans m'y attendent déjà. Je suis la star du supermarché !

Loin de me sentir transformée en bête de foire, j'apprécie assez de revoir parmi l'assistance des copains d'école et des voisins. Mes amis sont eux aussi venus me soutenir. Leurs regards amusés, leurs sourires complices et leurs encouragements me détendent : « Sophie, tu es la plus belle ! », « Vive Sophie. » Je signe à tour de bras des centaines de photos. Cela vaut tout de même mieux que de passer des articles devant un lecteur de codes-barres pour 4 500 francs par mois, comme je le faisais l'été dernier.

... Enfin, la séance de dédicaces à l'Intermarché se révèle tout aussi chaleureuse que celle de Bar-le-Duc... et tout aussi agitée : 300 dédicaces au bas mot.

18 heures, Villerupt.

Mme de Fontenay, Séverine, Mélodie Vuilbert, Miss France 95, et trois autres Miss, dont deux concurrentes de l'élection de Miss France 98, sont déjà à pied d'œuvre sur la petite scène de la salle des fêtes. Car Miss France ne se déplace jamais seule avec Mme de Fontenay : nous sommes toujours escortées par deux ou trois autres Miss, en général ma dauphine, Miss Martinique et Miss Paris.

J'arrive juste à temps pour les répétitions. Je vais découvrir la chorégraphie du défilé de ce soir, que les autres filles connaissent déjà. Car pendant que je me produis à tout va, celles-ci se font un peu d'argent de poche dans d'autres manifestations organisées en parallèle par le Comité. Et comme, à part quelques modifications mineures, la chorégraphie des spectacles proposés lors des galas ne change qu'une fois par an, je suis donc la seule à ne pas en connaître les pas, ce qui ne me rassure guère. Ce n'est pas parce qu'on se jette dans les bras l'une de l'autre lorsque l'on se retrouve entre Miss que la solidarité est toujours de mise. N'oublions pas que les deux Miss régionales présentes ce soir ont vu s'envoler leurs rêves et le titre tant convoité par ma faute. Elles m'en veulent forcément un peu. Pourquoi, dans ce cas, perdraient-elles leur temps à m'apprendre correctement les pas de danse ? Pire encore : pourquoi ne m'en enseigneraient-elles pas de faux, histoire de me ridiculiser en public ? Non, je ne suis pas parano : de nombreuses filles avant moi ont subi de telles vengeances.

Heureusement, j'ai fait pas mal de danse autrefois et la chorégraphie est relativement simple. Reste à maîtriser l'art de se déplacer en robe longue et talons hauts. Dans le cas contraire c'est le ridicule assuré.

Mais le sort est décidément contre moi : après une demi-heure de travail, panne d'électricité ! Impossible de poursuivre, ni d'essayer les robes et les maillots prévus par Geneviève. Vu ses goûts vestimentaires parfois étranges, je panique un peu à l'idée de les découvrir juste avant d'entrer en scène. Quand la lumière revient, il est trop tard pour reprendre les répétitions. Le public commence déjà à s'installer dans la salle. Je n'en mène pas large, d'autant que je viens d'apercevoir mes parents.

Heureusement, un beau jeune homme brun vient me changer les idées :

– Bonsoir, je m'appelle Robert Pires, je suis footballeur professionnel au F.C. Metz. Félicitations pour votre titre. Bonne chance pour ce soir.

– Merci, c'est gentil.

Mon père, qui venait faire un tour en coulisses, a assisté à la scène de loin. Il se précipite sur moi :

– Tu sais à qui tu viens de parler ? À Robert Pires, le footballeur. C'est un super joueur ; il fait partie de l'équipe de France. La prochaine fois, pense à moi et demande-lui un autographe.

Il me fait rire, papa. Je tremble à la perspective de mon premier gala et au lieu de s'enquérir du moral de sa petite fille, il joue les fans avec un footballeur.

20 h 30.

Le gala débute, selon une procédure immuable : Mme de Fontenay entre en scène sous les applaudissements d'un public chauffé au préalable par Elisabeth Christin.

La salle est comble. Après son petit discours introductif, elle laisse la place aux postulantes au titre mis en jeu ce soir, Miss Meurthe-et-Moselle. Toutes défilent d'abord en robe, puis en maillot. Une élection de Miss France en miniature, dans une ambiance et un décor moins guindés. Après un show d'environ quarante-cinq minutes, le jury se retire pour délibérer et c'est à nous de jouer ! Mme de Fontenay reprend le flambeau... et le micro.

– Elle est lorraine, comme moi. Cela faisait plus de vingt-cinq ans que nous n'avions pas eu une Miss Lorraine élue Miss France, mesdames et messieurs, pour son premier gala, Miss France 98, Sophie Thalmann.

Je sors des coulisses toute tremblante dans ma belle robe bleue. Que dois-je faire ? J'avance sur la scène avec un grand sourire, sous les ovations du public que je salue d'une main. La musique démarre : que le spectacle commence ! Pendant que mes petites camarades entament un ballet qu'elles connaissent par cœur, je retourne en coulisses me changer. Heureusement, les robes que je n'avais pu essayer me vont. J'enfile mes gants, mon chapeau, mes chaussures à talons, mes bijoux : je n'ai rien oublié ? Non !

Pour mon premier passage (sur trois), j'entre en scène en dansant le plus gracieusement possible. Le public applaudit, ce qui me rassure. Après tout, peu importe que je ne respecte pas la chorégraphie à la lettre. Si je souris et semble m'amuser, ça passera. Et si ça ne passe pas, ce sera bien fait pour moi : quand je pense au nombre de fois où j'ai critiqué les pas des filles devant mon poste de télévision...

Deuxième passage en robe plus classique, puis le dernier, en robe de mariée. Mauvais plan, la robe de mariée !

Surtout le voile qui empêche de voir plus loin que le bout de son nez. Je me demande encore comment je ne me suis pas étalée. Le show dure trois quarts d'heure. Divine surprise, Mme de Fontenay, aux anges, se répand en compliments sur mon compte :

– Je savais qu'elle était bien, cette petite !

Ce n'est pas grand-chose, mais je comprends que j'ai passé ce nouveau test avec la mention « bien ». Pour la mention « très bien », il me faudra encore me roder dans trois ou quatre galas, tous identiques (quand on en a vu un, on les a tous vus).

Il est minuit quand mes parents, enchantés de ma prestation, me ramènent à Bar-le-Duc. Encore une séance de dédicaces dans un salon de coiffure Saint-Algue de Château-Thierry, et ensuite soleil ! Je pars passer une semaine sur l'île de Saint-Martin, seule avec mon frère : un des cadeaux offerts avec ma couronne de Miss France. Cette fois, pas de photos ni de défilés, comme à l'automne dernier ; je pourrai me baigner et parler à qui je voudrai.

Du lundi 9 février au lundi 16 février.

Les vacances. Enfin ! Je sens qu'on va bien s'amuser. Maxime s'agite comme une puce, tout excité à la perspective de son premier voyage en avion. Sous les tropiques, en plus ! Non seulement nous partons sans les parents, mais en plus il accompagne la Miss France en titre, ce qui devrait nous valoir d'être traités comme des rois.

Mais à l'arrivée à l'aéroport, grosse déconvenue : qui nous attend devant le comptoir d'enregistrement ? Xavier de Fontenay et sa femme. Vu les valises posées à leurs pieds, ils ne sont certainement pas ici pour nous souhaiter bon voyage.

Moi, surprise :

– Bonjour Xavier, que faites-vous là ?

– Nous partons avec vous à Saint-Martin.

– Mais je croyais que j'étais en vacances et que je partais seule ?

– Oui, mais vous avez gagné ce séjour grâce à votre titre, donc grâce au Comité Miss France, et Geneviève ou moi participons à tous les voyages offerts par les sponsors ou gagnés pendant l'année de l'élection. J'ai à peine le temps d'encaisser cette explication qu'un jeune homme bardé de sacoches dont j'ai bien peur de deviner le contenu s'approche de Xavier et le salue. Celui-ci fait les présentations :

– Sophie, voici Christophe, qui est photographe d'agence. Il vous suivra pendant votre séjour afin de réaliser des clichés pour la presse.

– Mais enfin, j'ai dit à votre mère que je ne voulais pas de photographe durant mon séjour. Ce sont mes vacances. On s'était mises d'accord...

Oh la tête que je dois faire ! Le photographe, qui a compris la situation, me prend à part :

– Ne vous inquiétez pas, je resterai discret. Je ne suis pas là pour faire des photos volées et moi aussi je veux profiter de la plage. Consacrer une journée au travail devrait suffire. Ça ne devrait pas trop perturber vos vacances.

Encore heureux ! Je préférerais tout de même qu'il reste à Paris. Quand je pense que depuis un mois et demi j'ai sacrifié toute vie privée pour me plier aux contraintes de mon programme de Miss et que pendant la première semaine où je comptais me reposer incognito, seule avec mon frère, je dois non seulement supporter le couple Fontenay, mais aussi accepter la présence d'un photographe. Pour l'intimité, on fait mieux... Enfin, inutile de m'énerver, l'affaire est déjà entendue. Nous embarquons donc non plus à deux, mais à cinq.

Après un voyage moyennement agréable à cause d'une climatisation mal réglée, nous retrouvons vite le moral lorsque le commandant de bord nous invite, mon frère et moi, à assister à l'atterrissage dans la cabine de pilotage. Un beau baptême de l'air pour Maxime. Jaloux qu'on ne lui ait pas proposé de se joindre à nous, Xavier trépigne comme un enfant gâté, rappelant à qui veut l'entendre qu'il est président du Comité Miss France... et finit par obtenir gain de cause. Ça promet... Nous allons passer des vacances infernales s'il continue comme ça.

Heureusement, une fois à Saint-Martin, rien ne nous obligera à rester avec lui. Comme je ne suis pas en représentation, il risque de ne pas nous apercevoir souvent, le Xavier. Et ça lui sera bien égal car, à mon avis, il est surtout ici pour profiter d'un séjour aux frais de la princesse.

L'hôtel Méridien se révèle magnifique, féerique même : piscine, palmiers, chambres spacieuses, soleil, plage à quelques mètres, rien ne manque. Nous nous dirigeons immédiatement vers la mer, dont nous comptons bien profiter au maximum pendant ces sept jours.

Comme promis, le photographe reste discret, mais pas Xavier de Fontenay. Chaque matin, il débarque sur la plage en costume – il est bien le fils de sa mère, qui crapahute dans la poudreuse en talons aiguilles... Grave.

Et chaque jour c'est le même manège : il s'installe près de nous, histoire de me surveiller. Notre grand jeu avec Maxime consiste donc à éviter notre garde-chiourme. Première technique : ne pas déjeuner aux mêmes heures, ce qui est plutôt simple. Deuxième stratagème : partir exercer des activités sportives qu'il ne peut pratiquer, comme l'équitation.

Voilà comment nous nous retrouvons en promenade dans les montagnes – la fameuse balade qu'on m'avait refusée lors du tournage des clips de présentation. Quelle rigolade de voir Maxime, avec ses 1,94 m, sur un double poney. Ses pieds touchent terre !

Malheureusement, nous ne parvenons pas toujours à fausser compagnie à Xavier, surtout quand il a une idée en tête. Ainsi, un matin, il m'annonce :

– Sophie, demain nous sommes conviés à déjeuner à Saint-Barth. Pas question de refuser cette invitation car il y aura certainement des personnalités de l'île. Un bateau viendra nous prendre vers 11 heures. Soyez à l'heure !

Je m'en doutais ! Il n'a pas pu s'empêcher de se servir de moi pour parader... et se faire inviter dans les meilleurs établissements du coin. Mais je ne vais pas me laisser faire.

– Je ne crois pas que cela soit possible, Xavier. J'ai peur en bateau et je souffre de mal de mer. En plus, la météo annonce un vent violent demain. Allez-y avec votre femme ; on se retrouvera le soir à l'hôtel.

Que n'ai-je pas dit ? Xavier s'emporte :

– Sophie, n'oubliez pas que vous êtes Miss France. Nous sommes invités par des gens importants. Nous devons accepter, un point c'est tout. Vous ne mesurez pas votre chance !

Évidemment, nous y sommes allés.

Après cinq jours de repos, place aux photos, avec une mise en scène de choix : jet-ski, bateau, cheval... tout ce qui peut faire rêver. Maxime capture tout sur le caméscope que j'ai gagné le soir de mon élection : voilà qui illustrera notre récit à nos parents et qui nous fera de beaux souvenirs en couleurs.

Retour à Bar-le-Duc le 17 février au matin, ravis et reposés. Dommage que la présence de Xavier ne m'ait pas permis d'oublier un peu mon statut de Miss France. Je redoute aussi le rapport qu'il ne manquera pas de faire à sa mère sur mon comportement. Je ne devrais pas tarder à recevoir un fax d'elle...

Mon agenda et les fax qui se sont accumulés en mon absence me font vite réintégrer mon rôle. Je dois reprendre le collier – ou plutôt le diadème – dès demain.

Mercredi 18 février, 15 h 43

Pas de nouvelles de Geneviève. Je retrouve le train Bar-le-Duc-Paris et la grisaille. Une fois encore, Cathy, ma coiffeuse, me sert de chauffeur. Heureusement que la maison Saint-Algue se montre plus coopérative que le Comité Miss France, sinon je me demande comment je me serais débrouillée. Aujourd'hui, Cathy est chargée de me conduire sur le plateau de l'émission *La Chance aux Chansons*, sur France 2, animée par le célèbre Pascal Sevran. Je ne sais pas trop quel sera mon rôle dans l'émission, mais je ne me pose plus trop de questions. Et ça fera plaisir à mes grands-parents, spectateurs assidus de ce rendez-vous du petit écran.

L'arrivée – en retard, est-il besoin de le préciser ? – de Mme de Fontenay jette un froid. Elle pénètre dans ma loge et me tend une vache en plastique, avec le prix dessus (délicate attention) :

– Tenez, Sophie, puisqu'il paraît que ma Miss est une peau de vache.

Pas d'autre explication. Le ton semble plutôt amical et elle sourit. Que dois-je penser ? Mieux vaut sans doute ne pas chercher à en savoir plus.

Pour ne pas paraître trop petit à côté de moi, Pascal Sevran a fait installer sur son plateau une sorte de cube géant sur lequel il compte se percher pour se hisser à peu près à ma hauteur. Comme avec mes talons, je dois dépasser les 1,85 m et que Pascal Sevran culmine à 1,70 m : imaginez la taille de l'objet ! Pour une fois, ma grande taille me fait rire ; d'ordinaire, elle me complexerait plutôt. Normal quand on s'est vue surnommer « la girafe » dès la sixième. Le reste de l'enregistrement se révèle moins drôle. L'ambiance est tendue.

Geneviève se charge de mettre un point d'orgue à un après-midi déplaisant en m'annonçant que ce soir je logerai à l'hôtel Terminus. Son ton ne laisse aucun doute : elle veut me punir pour mon insubordination à Saint-Martin. Elle ne pourrait rêver punition plus efficace car à mon arrivée à l'hôtel je me retrouve dans une chambre plongée dans l'obscurité pour cause de coupure d'électricité. Impossible de me laver. Et quand j'appelle la réception pour commander à dîner, j'apprends que le service se termine à 22 heures et qu'on ne peut même pas m'apporter des biscuits.

Comme il est hors de question de sortir s'acheter un

en-cas dans ce quartier peu sûr, je me couche le ventre creux. Une émission nulle, un hôtel sans électricité et sans nourriture, le tout dans un quartier sordide, bonjour la journée ! C'est ça, la vie de princesse ? En plus, je suis affligée de voisins bruyants (je vous passe les détails...).

Jeudi 19 février, 10 heures.

J'ai rendez-vous pour une séance de photos destinées à la couverture du magazine *Questions de femmes*. C'est Christophe, un photographe de SIPA dont j'avais fait la connaissance le lendelain de mon élection, dans la suite présidentielle du Normandy, qui officie. Heureusement car il s'agit pour moi d'une expérience nouvelle. Je vais poser sans écharpe ni couronne, habillée normalement. Faire le mannequin, quoi !

Pourtant, mes premières armes de top-model n'avaient rien donné de bon. En 1996, quelques jours après que je fus devenue Miss Meuse, une connaissance m'avait proposé de me mettre en rapport avec une agencc de mannequins parisienne. J'avais accepté sans grande conviction car je ne me voyais pas rivaliser avec les filles des magazines ou des pubs. Mais après tout, pourquoi pas ? Je prends donc rendez-vous avec le directeur de l'agence. Patatras, voilà que j'entends :

– Sophie, vous êtes jolie, mais perdez 10 kilos, un peu de fesses, et revenez me voir.

Il était fou ce mec ! Même en me donnant du mal, jamais je ne parviendrais à perdre autant de poids. Heureusement que je ne tenais pas vraiment à devenir mannequin.

Être Miss France, c'est totalement différent. Bien sûr,

il s'agit d'un prix de beauté, mais on n'est pas pour autant forcée de s'astreindre à un régime draconien pour offrir une silhouette filiforme. Et si le public a les yeux rivés sur nous, ce n'est pas seulement pour notre corps, mais aussi pour tout ce que nous représentons à ses yeux. En plus, il n'y a qu'une Miss France par an ; la compétition est terminée, ce qui rend les choses plus saines.

D'ailleurs, mon courrier n'est sûrement pas celui d'une cover-girl. Pas de milliardaires, ni d'acteurs me proposant une escapade à Bora-Bora, mais des inconnus qui me couvrent de louanges. J'ai aussi reçu les encouragements et les félicitations de Miss qui avaient concouru avec moi (et surtout contre moi) le 13 décembre dernier. Même Miss Pays du Velay, que j'avais pourtant jugée un peu trop starlette, m'a écrit. Je doute que les mannequins se montrent aussi fair-play entre elles.

Après la séance photo, je déjeune rapidement en répondant à une interview par téléphone, puis je fonce chez Saint-Algue pour me faire coiffer en vue de l'enregistrement, ce soir, de l'émission *Fiesta*, de Patrick Sébastien, sur France 2.

Un journaliste de *Libération* m'interviewe pendant que mes mèches posent sous leur enveloppe de papier alu – je ressemble plus à une extra-terrestre qu'à Miss France (planète Terre). Pour une fois que je rencontre un envoyé d'un quotidien sérieux, j'aurais préféré que l'entretien se déroule en d'autres circonstances. J'espère que je ne me ferai pas allumer le 6 mars prochain, lors de la parution de l'article.

19 heures.

D'emblée, Patrick Sébastien se montre très gentil, à l'opposé de l'image bruyante qu'on lui colle si souvent. Populaire ne signifie pas nécessairement vulgaire. Dans les loges, je fais la connaissance de Sonia Dubois, dont j'appréciais les interventions dans l'émission *Frou-Frou*, de Christine Bravo, aussi sur France 2. Je retrouve également Plastic Bertrand, que j'avais déjà côtoyé dans *Fa Si La Chanter*. Je commence à me sentir plus à l'aise dans ce milieu.

Et à force d'expériences télévisuelles, les caméras m'impressionnent moins. Bien sûr, il arrive encore qu'on me traite comme une idiote, sous prétexte que je suis une Miss, mais la plupart des professionnels ont désormais compris que j'étais capable de propos sensés.

Ce qui ne m'empêche pas de me retrouver parfois dans des situations ridicules. Comme ce soir. Mon arrivée sur le plateau est mémorable : je suis censée descendre un escalier pour rejoindre l'animateur. Et voilà que tout à coup surgit dans mon dos un homme déguisé en gorille. J'ai à peine le temps de le voir arriver qu'il m'emprisonne de ses bras et m'enlève. Ça commence bien !

Et je ne suis pas au bout de mes surprises. Lorsque vient le moment de l'interview, ce n'est pas Patrick Sébastien qui prend les commandes, mais une marionnette animée par un ventriloque et baptisée Tatayé ! On aura tout vu... Et me voilà obligée de raconter ma vie à une peluche qui, pour ne rien arranger, s'intéresse surtout à mon physique et aux avantages et aux inconvénients que celui-ci peut me rapporter. Moi qui n'ai toujours pas réussi à me défaire de mes complexes d'ado, je suis très mal. En plus, Mme de Fontenay déteste qu'une Miss France doute d'elle et relativise son succès. Dans l'idéal, elle aimerait que je me prenne réellement pour la plus belle fille du pays et que je me considère comme l'unique dépositaire de la beauté, de l'élégance et du charme français. Et que j'insiste sans cesse sur le privilège que constitue mon titre. Hélas pour elle, si je suis bien consciente de ma chance, de là à jouer les stars... ce n'est ni dans ma nature ni dans mon éducation.

L'émission se termine comme elle a commencé, dans la bonne humeur... jusqu'à ce que je regagne ma loge. Un brouhaha de mauvais augure m'accueille dans l'escalier : Geneviève de Fontenay, folle de rage et d'humiliation.

– Laurent Baffie est passé dans les couloirs en criant : « Je cherche une pute avec un chapeau ! » C'est honteux, se plaint-elle.

Son fils Xavier, présent lors de l'incident, se mêle alors de jouer les justiciers, interpelle Laurent Baffie et menace de se battre avec lui. Il faut les séparer. La situation devient risible, ridicule. J'en connais qui manquent gravement d'humour...

Sonia Dubois, qui part dans la même direction que moi, me propose de me raccompagner. En chemin, elle me donne quelques conseils sur mon avenir professionnel. Miracle : elle me prend au sérieux.

Je me couche le sourire aux lèvres, avec une Tatayé miniature, cadeau de Patrick Sébastien, dans les bras. Demain, je m'envole pour Miami, afin de réaliser des photos pour le catalogue Bergère de France. Pour une fois, la perspective de me lever à l'aube me ravit. En plus, je pars avec Babeth, sans aucun des deux Fontenay. Deux jours de liberté au soleil de Miami : que demande le peuple ?

Vendredi 20 février, 18 heures, heure locale.

Nous foulons enfin le sol de notre Eldorado. Pour moi, Miami illustre à la perfection le rêve américain. Ici, il y a tout : les surfeurs, le soleil, l'immense plage de Miami Beach, les beaux hôtels Art déco, la chaleur, les belles filles, les mannequins... Un mythe renforcé par les nombreuses séries télé que l'on y tourne. Et puis, c'est la première fois que je me rends aux États-Unis – encore une première.

Quel bonheur que de descendre d'avion et de traverser un aéroport sans qu'on me demande un seul autographe. J'avais presque oublié ce que c'était que l'anonymat. Ici, nul ne connaît Sophie Thalmann. Je vais pouvoir m'habiller comme je le souhaite, sans me sentir en permanence en représentation, traîner dans les magasins avec Babeth, faire du shopping et rire comme une gamine sans que personne ne songe à me rappeler à l'ordre.

Dîner dans un restaurant japonais où l'on fait la cuisine devant nous, sur la table. C'est la première fois que je vois ça. Seul inconvénient : en sortant, je sens le graillon à plein nez. Il ne manquerait plus que je tombe sur un beau mec. Quelle image il aurait des Françaises !

Samedi 21 février, 7 heures.

Menu du petit déjeuner : un *donut* (beignet) et un *pancake* (crêpe) avant d'attaquer le « dur » programme du jour à base de photos sur le sable de Miami Beach. Je compte bien en profiter pour mater quelques beaux surfeurs.

Déception : si la plage est aussi immense que je l'imaginais, la lumière magique, le sable immaculé et la chaleur au rendez-vous en dépit des nuages qui voilent légèrement le soleil, il n'y a pas un surfeur ! En revanche, nous sommes entourés de pin-up à la Pamela Anderson. Il ne va pas être facile de rivaliser avec elles, d'autant que je dois principalement poser en pull.

L'équipe est sympathique, rassurante, et Stéphane, le photographe, très patient. Il m'apprend à sourire sans me crisper et à détendre mes traits :

– Oublie le sourire Miss France : c'est Sophie que je veux.

Si Geneviève entendait ça.... Plus tard, Stéphane m'avouera qu'il a redouté le pire quand on lui a annoncé la venue d'un modèle non professionnel. Ouf, je me suis tirée de cette épreuve avec les honneurs.

Il nous reste quelques heures pour nous balader. J'entraîne Babeth vers l'hôtel qui loge traditionnellement les stars masculines de l'agence de mannequins Elite. Pas question de manquer un tel rassemblement de canons ! Ça y est, je reconnais la vedette masculine d'une publicité pour un parfum que j'adore. Je le suis du regard avec une telle insistance qu'il se retourne. C'est le monde à l'envers !

– Il m'a regardé ! Vous avez vu, Babeth ? Il est trop beau !

Dimanche 22 février.

Voyage de retour atroce : non seulement je regrette de n'avoir pu rester plus longtemps à Miami, mais je me retrouve en classe économique, si bien qu'il m'est impossible d'étendre les jambes. Dix heures d'avion recroquevillée, c'est long. Je dois avoir l'air si pitoyable à l'arrivée que pour me consoler, les hôtesses m'offrent un pyjama de la compagnie, normalement réservé aux passagers de première classe.

Mon périple n'est pas fini : à présent, je dois rejoindre la gare de l'Est pour rentrer chez moi. La routine, quoi. Dire que voici deux mois, je m'étais perdue entre Orly et Paris. Il faut tout de même le faire...

... C'était le 2 janvier. Je reviens du Midi, où j'ai passé le premier de l'an, et on m'attend à M6 pour un enregistrement. Seulement, je ne sais pas où récupérer ma valise, je n'ai aucune idée du moyen de transport le plus simple pour rejoindre la capitale et encore moins de l'endroit où on prend un taxi, la navette ou le RER. Se débrouiller dans un aéroport quand on n'a pris l'avion que deux fois dans sa vie, c'est un peu comme franchir la place de l'Étoile quand on vient de passer son permis de conduire : effrayant. En plus, les gens me reconnaissent, m'abordent. Paniquée, la Miss. Une seule solution : appeler Mme de Fontenay de mon téléphone portable pour qu'elle me guide à distance. La honte.

*
* *

À Bar-le-Duc, je trouve un fax de Mme de Fontenay, qui m'adjure de ne pas parler de mon voyage à Miami à Xavier. Apparemment, cette opération commerciale a été réalisée à son insu. Moi, je veux bien garder le silence, mais je ne vois pas comment nous ferons si le catalogue Bergère de France, tout de même tiré à 1,5 million d'exemplaires, lui tombe entre les mains. Sans parler des affiches à mon effigie qui fleuriront certainement dans toutes les boutiques de la marque.

S'ils commencent à se faire des cachotteries, entre mère et fils, cela va mal finir car ni l'un ni l'autre n'ont un caractère des plus faciles.

Mercredi 25 février, 10 heures.

Tout juste remise du décalage horaire, je me rends à Alençon pour l'inauguration du salon « Ornexpo » et l'élection de Miss Ornexpo. Une promenade de santé. Demain je vais à Nancy : coiffeur puis une séance de dédicaces de trois heures dans un magasin Gamm Vert. Je sens que je vais entendre plus d'une fois l'inévitable « Ça fait quoi d'être Miss France ? ». Du moins mes deux mois et demi d'expérience me permettront-ils de fournir des réponses plus intéressantes que lors de mes premières prestations.

Samedi 28 février, 11h50, gare de l'Est.

Descendre du train à Paris relève désormais de l'aventure puisque je ne sais jamais à l'avance qui a été désigné par Mme de Fontenay pour m'accueillir. Aujourd'hui, il s'agit d'un nouveau coursier, Ted Leblanc, le fils de Geneviève, la « fée Clochette ». Son seul titre de gloire est d'avoir participé au show Miss France en tant que boy (les boys sont les cavaliers qui accompagnent les candidates lors du défilé en robe du soir et talons hauts). Je ne me découvre pas plus d'affinités avec le fils qu'avec la mère.

Après avoir déjeuné au buffet de la gare, nous passons chercher Mme de Fontenay chez elle, à Saint-Cloud, avant de prendre la route de Ducey, qui accueille ce soir l'élection de Miss Baie du Mont-Saint-Michel.

22 heures.

C'est à mon tour de danser. J'entre en scène, virevoltante, plutôt en forme et souriante... jusqu'à ce que les bretelles de ma robe rendent l'âme. Il faut dire qu'en deux mois de représentations en tout genre, de déjeuners et de dîners toujours copieux, j'ai pris quelques centaines de grammes, pour ne pas dire deux à trois kilos. Comment faire autrement quand on vous gave comme une oie sans qu'on puisse refuser un plat et qu'on n'a pas le temps d'exercer une activité physique pour éliminer ? J'avais bien remarqué que la robe en question me moulait plus qu'à l'accoutumée, mais rien de dramatique.

Me voici donc en soutien-gorge face à un public médusé qui ne sait plus s'il doit rire aux éclats ou demeurer bouche bée de stupeur. Très embarrassant. Sans compter que je peux m'attendre à une dégelée de Mme de Fontenay à l'issue de la soirée. Le gala s'éternise jusqu'à 1 heure du matin, alors qu'il aurait dû s'achever vers 23 heures. Ma prestation hors norme a galvanisé les organisateurs.

C'est donc aux alentours de 1 h 30 du matin que je me retrouve en tête à tête avec Geneviève. Visage fermé, lèvres pincées, elle rumine sa colère au volant et semble réfléchir à la meilleure manière de fustiger mon faux pas :

– Maintenant Sophie, fini les bonbons et les sucreries,

À deux ans : déjà avec un ballon de foot !

Coup d'envoi du match France-Andorre dédié aux femmes, dans une tenue pas du tout « Miss France ».

Le soir de l'élection :
mes supporters
presque au
complet...
et en avance !

Avec Jean-Pierre Foucault :
– Que voulez-vous faire
plus tard, Sophie ?
– Prendre votre place !

Le sacre.

Incroyable,
notre fille est
Miss France !

Mme de Fontenay,
mon grand-père et moi :
tout le monde
pleure de joie.

Portrait traditionnel de Miss France sur son lit :
la première photo d'une longue série.

Retour à Bar-le-Duc :
l'émotion.

Le boulevard de La Rochelle en folie :
merci les Barisiens !

Boum ! Retour sur terre :
le stand Pirelli au Salon de l'ameublement.

Une caméra, un cheval : mon bonheur est complet. Tournage de l'émission « Le Jardin des bêtes ».

Geneviève s'éclate en coulisses.

Les 80 plus belles filles du monde :
quelques beautés naturelles au milieu des « Miss Silicone »...
et une Miss France un peu perdue là-dedans.

Tenues de gala…

Non, ce n'est pas mon mariage ! Juste un défilé…

Fête des Fleurs à Cazères (31).

Élection de Miss France 1999 : je n'ai pas pris la place de Jean-Pierre Foucault, mais je vais travailler à « Téléfoot ».

Passation de couronne.

se décide-t-elle enfin à me lancer. Désormais, vous ferez attention à votre ligne.

Sous-entendu « comme ça vos robes ne lâcheront plus ». Je préfère ne rien répondre. D'abord, même si je ne surveille pas vraiment mon poids, je ne me laisse pas pour autant aller. Et puis elle en a de bonnes, elle : ce n'est pas moi qui organise des déjeuners et des dîners à la chaîne depuis deux mois. Et je voudrais bien voir sa tête si je m'avisais de vexer un chef qui a passé toute la journée à confectionner sa spécialité, sous prétexte de préserver ma silhouette. Enfin, ça lui passera. Dorénavant, j'essaierai de faire plus attention et de me montrer irréprochable, demain à Alençon, pour le gala d'élection de Miss Orne.

BILAN DU MOIS DE FÉVRIER

– Nuits d'hôtel : 22
– Nuits à la maison : 6
– Passages télé : 5 (sans compter les JT locaux)
– Représentations : 10
– Photos dédicacées : 2 500
– Bises : un bon millier
– Kilomètres parcourus : 2 700 (sans compter les allers-retours Paris-Saint-Martin et Paris-Miami)
– Vacances : 7 jours (à Saint-Martin)
– Kilos pris : 2

Dimanche 1er mars, 10 h 30.

Mme de Fontenay me fait toujours la tête. Pourtant, au petit déjeuner, j'ai renoncé à ma demi-baguette-beurre-confiture quotidienne pour me contenter d'un bol de café.

Et lors du déjeuner, à Alençon, je commande une salade de fruits en guise de dessert. Un bel effort pour moi. Mais tout ce que Geneviève trouve à dire, c'est :

– Vous soignez votre ligne, Sophie ?

Stop ! Je ne joue plus. Elle m'énerve avec ses réflexions désobligeantes.

Au gala, rien ne va ! Je me trouve mal coiffée, je déteste mon maquillage, ma couronne ne tient pas (mais ça, ce n'est pas nouveau) et Geneviève est toujours aussi mal lunée. Elle trouve toutes les candidates grosses et moches et ne se gêne pas pour nous le faire savoir.

Pour couronner le tout, les organisateurs du gala ont prévu une scène avec de la moquette. Génial pour danser... Résultat, je me trouve nulle. En plus, j'ai la tête qui tourne. Il ne manquerait plus que je m'évanouisse à force de m'affamer. Bref, le gala est un fiasco, excepté pour le public, qui repart enchanté.

Moi je vais dormir... pour oublier.

Lundi 2 mars, 11 heures.

Séance photo pour *Libération*. Lise, la photographe, et son assistant frappent à la porte de ma chambre d'hôtel, où nous ferons les clichés – cela économise la location d'un studio et donne des images plus naturelles. J'ai revêtu pour l'occasion une petite robe orange achetée sur les conseils de Tania qui me donne un look à la fois décontracté et moderne.

La séance se déroulera en deux temps : d'abord des Polaroïd tests, puis les photos définitives. Lise me demande de poser le moins possible, de me libérer. Je ne la sens pas bien, cette nana ; elle se la joue un peu trop artiste. N'étant pas une pro de la photo, je m'exécute cependant sans rien dire...

L'attitude de mes deux visiteurs me met tout de même mal à l'aise. L'assistant s'enferme dans la salle de bains avec les Polaroïd pas encore révélés. Qu'est-ce qu'il peut bien faire avec ? Je l'entends gratter. Que diable traficote-t-il ? Excédée par tous ces mystères, j'exige de voir les clichés. Quelle riche idée j'ai eue là ! Celui que je tiens dans la main me montre dans une de ces positions... On voit ma culotte. En plus, les couleurs ont été modifiées, lissées.

Lise tente de me rassurer :

– Ne t'inquiète pas, il s'agit d'un simple test.

Mon œil ! À peine sont-ils partis que j'appelle Mme de Fontenay pour lui faire part de mes inquiétudes : il faudra impérativement vérifier les tirages avant leur diffusion.

Cet après-midi, shopping avec ma mère et Antoinette, l'amie qui m'avait offert la robe rose que j'arborais le soir où je suis devenue Miss Lorraine. Nous déjeunons à l'hôtel Crillon, le palace de la place de la Concorde, puis direction les grands magasins, où nous faisons chanter nos Cartes Bleues.

19 heures.

J'ai rendez-vous au Fouquet's avec Denys Limon, le producteur de l'émission *Y'a pas photo*, sur TF1, et Serge Richez, son directeur artistique. Quand j'ai participé à leur émission, au début de l'année, les deux animateurs m'ont carrément demandé de les remplacer pendant quelques instants, le temps pour eux d'aller faire les clowns, comme à leur habitude, et d'improviser un défilé de Mister France. Voilà pour mes débuts d'animatrice. Il faut bien commencer par quelque chose, non ? Aujourd'hui, l'entrevue est plus sérieuse.

– Alors Sophie, comment se passe votre année ? s'enquiert Serge Richez.

Je lui résume mon agenda surchargé.

– Vous souhaitez toujours faire de la télé ?

– Oui, mais pas n'importe quoi. J'aimerais faire des reportages.

– Qu'aimez-vous dans la vie ? Y aurait-il une rubrique particulière que vous souhaiteriez animer ?

Les choses se précisent. Mes interlocuteurs préparent en ce moment leurs propositions pour la grille de rentrée. Ce sont les premiers qui me démarchent ; j'espère qu'il y en aura d'autres. Je demande un peu de temps pour réfléchir. De toute façon, je ne peux rien accepter sans l'accord de Mme de Fontenay et de Xavier. Et ça, ce n'est jamais gagné d'avance.

Mardi 3 mars, 10 heures.

Ce matin, nouvelle séance de photos, cette fois pour la plaquette de présentation du concours de Miss Univers, auquel je vais participer en mai prochain. Je dois fournir aux organisateurs une photo en robe et une autre en maillot de bain. J'attends le photographe pour me rendre au studio. Mauvaise surprise, il m'apprend que Geneviève a décidé qu'il prendrait ses clichés dans ma chambre – il n'y a pas de petites économies. Il plaisante, j'espère. Il s'agit de mon inscription à un concours de beauté international, que les Européennes ont d'emblée peu de chances de remporter car les Sud-Américaines trustent les prix. Ce ne sont pas ses photos « en chambre » prises sans éclairage professionnel, sans coiffeuse ni maquilleuse et dans un décor peu enthousiasmant qui risquent de faire grimper ma cote auprès du jury d'Honolulu. Mais ai-je le choix ? Faisant contre mauvaise fortune bon cœur, je m'efforce de poser de mon mieux avec les magnifiques rideaux en guise de toile de fond.

18 heures, maison de la Lorraine à Paris.

C'est un peu chez moi, ici ! D'ailleurs, l'établissement a mis les petits plats dans les grands en mon honneur. Nicolas, un chocolatier, m'offre mon buste en chocolat... grandeur nature. Miam ! Il a aussi baptisé des gourmandises de son invention en forme de cœur « les fondants de Miss ». Je suis très touchée... et surtout alléchée par son cadeau. Ce soir, au menu : Miss France en chocolat. Ce n'est pas comme ça que je vais perdre du poids...

La perspective délicieuse de cette orgie de chocolat fait filer ma séance de dédicaces à toute vitesse, d'autant plus qu'avant de me pourlécher un autre régal m'attend : une nouvelle émission avec Jean-Luc Delarue. Et cette fois, pas question de me fagoter comme une princesse de dessins animés japonais. J'arbore une robe rose un rien transparente et beaucoup plus actuelle. Pauvre Geneviève qui déteste me voir m'afficher sans mon uniforme de Miss France... Demain matin, fax de reproches assuré.

19 h 30.

Comme d'habitude, nous sommes en retard. Jean-Luc Delarue passe la tête dans ma loge :

– Alors, on se fait désirer ? Tu es très belle comme ça.

Virginie Lemoine, qui m'avait pourtant « allumée » lors d'une précédente émission chez Michel Drucker, me complimente elle aussi sur ma tenue.

Le thème de l'émission porte sur les animaux de la ferme car le Salon de l'agriculture va bientôt ouvrir ses portes. Un Salon largement aussi important que celui du meuble... si vous voyez ce que je veux dire. Pourvu qu'on ne m'envoie pas passer cinq jours entre les moutons et les vaches, même si j'adore ces derniers animaux. Depuis un an ou deux, je collectionne tout ce qui se rapporte aux vaches : photos, tasses, figurines, posters, porte-clés, etc. J'en ai partout à la maison. Il faut dire que dès qu'une Miss France avoue, lors d'une interview ou d'une émission télévisée, collectionner les peluches ou les objets figurant des tortues, elle en reçoit des dizaines par retour du courrier. Heureusement pour moi que le chocolat voyage mal, sinon ma chambre en serait pleine... et moi, je pèserais dix kilos de plus.

L'émission se déroule dans une ambiance détendue et pleine de gaieté. À tel point que je me laisse aller à draper mon écharpe « Miss France » autour des cornes d'un taureau – premier prix du concours agricole tout de même – amené sur le plateau par son propriétaire. Voilà qui risque de déplaire à Mme de Fontenay.

À la fin de l'enregistrement, Jean-Luc Delarue repasse dans ma loge :

– Tiens, Sophie, je te laisse mon numéro de portable.

N'hésite pas à m'appeler si tu as besoin de conseils sur ta carrière.

Je le prends négligemment, genre la fille habituée à ce que les célibataires les plus convoités de France et les producteurs de télé les plus dynamiques lui donnent leur numéro privé. Je me vois déjà animatrice d'une émission en *prime time*, faisant exploser l'Audimat...

Le fax de Mme de Fontenay me ramène à des considérations plus immédiates. Comme prévu, elle me reproche de ne pas avoir tenu compte de ses conseils vestimentaires pour l'émission de Delarue, ajoutant que plusieurs personnes l'ont appelée pour se plaindre de ma tenue. « Si vous pensez que Virginie Lemoine a plus de goût que moi, je suis très déçue », conclut-elle. Zut, il va encore falloir que je m'excuse. Mais ça peut attendre demain.

Ce soir, on diffuse mon *Fa Si La Chanter*. On va voir si l'émission se révélera aussi amusante que l'enregistrement. Ensuite, comme après chacun de mes passages sur le petit écran, je demanderai à ma mère son avis. C'est elle, mon baromètre.

Mercredi 4 mars, 10 heures.

Encore un fax de Geneviève. Que me veut-elle encore ? Me réprimander, évidemment, cette fois au sujet d'un article qui relate notre passage dans une ville de province. « Merci de n'avoir même pas cité mon nom en une page, persifle-t-elle C'est tout juste si on m'aperçoit sur une petite photo. » Geneviève se moque de sa notoriété personnelle – seule compte celle de ses Miss –, mais elle apprécie de temps à autre qu'on reconnaisse le travail qu'elle accomplit pour le Comité. Promis : la prochaine fois, je glisserai quelques mots sur son dévouement. Mais ce n'est pas moi qui rédige les articles ; est-ce ma faute si les journalistes zappent souvent les éloges que je prodigue systématiquement à son égard ?

Jeudi 5 mars, 11 heures, Paris.

Ouverture du Salon de l'agriculture. Il fallait que ça tombe sur ma pomme. Je sens que mes pieds vont souffrir. Car il n'est plus question d'attendre le chaland confortablement installée sur un stand. Je vais devoir faire le tour du Salon à pied, en chaussures à talons, suivie par une meute de photographes, d'équipes de télévision et d'admirateurs aussi nombreux que pour un président de la République ou un Premier ministre, autres habitués de ce type de visite. La seule différence entre nous ? Moi je ne viens pas là pour me faire élire, je suis déjà élue ! Je suis ici pour témoigner toute ma reconnaissance à ceux qui ont voté pour moi en acceptant photos, dédicaces et... de nombreuses dégustations de produits du terroir. C'est ma balance qui va encore faire la tête demain matin...

En parlant de dégustations, la première est plutôt sévère : je dois être intronisée dans la Confrérie de la Mirabelle de Lorraine, une eau-de-vie régionale réputée, que je vais bien sûr être obligée de goûter. De l'alcool fort à 11 heures du matin ? Ça commence bien. Je vais terminer la journée dans un triste état si on me refait le coup plusieurs fois. Heureusement, François Christin s'arrange avec mes futurs « confrères » pour remplacer discrètement mon verre d'alcool par un verre d'eau. Il faut voir la tête des journalistes et des exposants du Salon lorsqu'ils me regardent avaler cul sec le supposé verre de mirabelle. C'est tout juste si certains ne se mettent pas à chanter : « Elle est des nô-ôtres, elle a bu son verre comme les au-autres ! »

Fini la rigolade : un marathon m'attend. Mme de Fontenay déclare forfait, mais moi, je dois défiler de stand en stand, caresser des vaches de toute race et des lapins de tout poil. Et on se bouscule pour nous toucher, nous photographier, nous autres bêtes curieuses.

J'ai mal aux pieds et je frise l'indigestion. Tous les exposants veulent me faire goûter leurs produits. À court d'excuses pour refuser leurs offres généreuses, je me décide à révéler un secret jusque-là bien gardé : je suis végétarienne ! Pas par snobisme mais parce que j'aime trop les animaux. Depuis que je suis en âge de comprendre qu'on les tue pour les manger, j'ai fait une croix sur la viande. Bien sûr, il m'arrive d'avaler quelques cuisses de poulet bien brûlées au cours de l'été ou un sandwich au jambon quand je n'ai vraiment rien d'autre à me mettre sous la dent. Je vis donc un calvaire depuis mon élection.

Invitée dans les plus grands restaurants pour des repas somptueux, je ne sais plus qu'inventer pour respecter mes choix alimentaires sans paraître mal élevée : « Je dois garder la ligne, j'ai pris mon petit déjeuner assez tard, je n'ai pas très faim. » Une autre technique consiste à couper la viande en morceaux minuscules avant de les éparpiller dans mon assiette en ne mangeant que les légumes. Ou, avec un peu de chance, je tombe sur un voisin de table bon vivant et compatissant qui accepte de dévorer ma part de viande. Quand j'en ai la possibilité, je fais un détour discret par les cuisines, pour aviser le chef de mes goûts. Ce qui évite de le vexer ou de l'inciter à douter de son talent. Et puis, ce n'est pas sa faute si je ne mange plus de viande.

Ces précautions ne seraient pas nécessaires si Mme de Fontenay prévenait nos hôtes que je suis végétarienne. Mais ce serait sans doute trop simple. Résultat de ces cachotteries : je me rattrape sur les desserts, je prends du poids, et après, je subis les reproches de Mme de Fontenay. François Christin, lui, s'arrange souvent pour faire passer le message.

SCANDALES

Samedi 7 mars, 10 heures, Bar-le-Duc.

Quel réveil ! Un mauvais week-end s'annonce. Ma mère m'apporte un fax incendiaire de Mme de Fontenay, fort courroucée par la une du *France Dimanche,* paru la veille : « Miss France prête à épouser le prince Albert de Monaco ! »

Elle a dû frôler l'infarctus en apprenant par la presse pareille nouvelle. Qu'elle se rassure, je suis tout aussi surprise qu'elle, même si je devine l'origine de cette histoire. Pas besoin de chercher bien loin, à vrai dire : je me suis fait piéger par deux journalistes lors du Salon du meuble de Paris. Rappelez-vous : le fameux déjeuner avec les soi-disant représentants d'Albert. Enfin, c'est plutôt Xavier de Fontenay qui s'est fait avoir sur ce coup-là... Ce que j'entends bien préciser à Geneviève. Pas question d'encaisser ses reproches à la place de son fils. Je ne m'affole donc pas trop.

Malheureusement, ce n'est pas tout. Dans la foulée, le journal *Libération* du week-end a publié son article. Une pleine page... et surtout une photo scandaleuse. Autant le canular de *France Dimanche* est risible, autant là, j'en prends plein la figure. Ils ont imprimé la fameuse photo censée n'être qu'un test, qui me représente assise sur un fauteuil, la main droite derrière la tête, la gauche sur l'accoudoir, le regard dans le vide et la jambe gauche croisée au-dessus de la droite. Tout cela ne serait pas bien grave si cette position ne faisait pas remonter ma robe jusqu'en haut de mes cuisses, laissant le soin aux lecteurs les plus imaginatifs et les plus pervers de deviner le reste. De plus, la seule couleur qui ressort de la photo allégrement retouchée est le rouge orangé de ma robe, qui fait carrément mauvais genre. Bref, l'article me fait passer pour une femme fatale – moi ! – et, plus grave, pour une Miss rebelle qui crache dans la soupe. Lisez plutôt la légende qui accompagne la photo : « Le concours, je trouvais ça ringard. C'est la mère d'un ancien copain qui m'a inscrite sans me le dire. » Je sens que je vais devoir consacrer mon week-end à envoyer des fax pour réparer les dégâts. Merci *Libé* !

Premier foyer d'incendie à éteindre : Mme de Fontenay. Pas par fax, cette fois. Dans les cas d'urgence, je l'appelle ! Je trouve Geneviève remontée et peinée. Je lui glisse tout de même que je lui avais fait part de mes inquiétudes après la séance photo, et qu'elle aurait dû vérifier les tirages. Quant à l'épisode *France Dimanche*, elle comprend vite que je n'y suis pour rien. Elle verra ça avec Xavier.

Sur les conseils de Christophe, mon copain photographe, j'envoie une lettre à *Libération* et à l'agence de presse pour laquelle Lise travaille, exigeant la destruction de la série de clichés et l'interdiction de toute nouvelle publication. Sinon, je leur colle un procès. Voilà qui devrait les calmer.

Dimanche 8 mars, 12 heures.

L'affaire *Libération* fait du bruit. Dans son édition dominicale, le journal local de Bar-le-Duc, *L'Est Républicain*, avec qui le Comité entretient pourtant de très bons rapports, me tombe dessus à bras raccourcis :

« ... D'abord la photo. Alanguie sur un fauteuil, elle apparaît très décontractée, avec une jupette qui laisse voir ses cuisses ; une tenue pas du tout prévue dans la garde-robe qu'impose la famille de Fontenay à ses protégées. L'interview est du même style... » Geneviève va apprécier ! Dire que depuis mon élection elle se démène pour que le journal de ma région ne soit pas lésé par rapport à la presse nationale. Je pense que leurs relations vont se refroidir après ce témoignage d'ingratitude.

François Christin m'appelle, affolé :

– Sophie, je reçois plein d'appels d'autres délégués régionaux. Ils pensent que cette histoire va te faire perdre ton titre !

– Perdre mon titre ? C'est possible ?

– Oui, mais rassure-toi, on n'en est pas là.

Je l'espère bien. Perdre ma couronne pour deux malheureux articles me semble quand même un peu excessif. Je compte sur Geneviève pour étouffer le scandale. De toute façon, elle n'a pas non plus intérêt à le laisser se développer. Mon téléphone ne cesse de sonner : copines, copains, famille, journalistes... J'ai également eu des nouvelles de Xavier, très ennuyé par le piège de *France Dimanche*. Il peut l'être ! En revanche, il m'a avoué adorer la photo de *Libé*. Tiens donc... Je ne le comprendrai jamais, celui-là !

Le soir venu, j'espère souffler un peu, mais voici un nouveau fax de Mme de Fontenay :

« Très chère Sophie, triste journée pour moi aujourd'hui. J'ai trouvé Titano mort dans la cuisine. Je vous embrasse bien fort. »

C'est le pompon ! L'apothéose d'une journée pourrie par excellence, de celles où on regrette de s'être levé. Titano, le chat de Geneviève, était son unique compagnon depuis la mort de son mari. Cette femme en apparence indomptable lui parlait comme à un être humain, se confiait à lui et le chérissait tendrement. Je lui faxe un petit mot de réconfort :

« Je ne m'attendais pas à ce que le pauvre Titano nous quitte si vite, en dépit de son faible appétit. J'ai moi aussi perdu mon chat, âgé de quinze ans, l'été dernier et je compatis de tout cœur à votre chagrin. Titano a eu la chance de vivre auprès de vous et, grâce à cela, il a eu une existence extraordinaire. Je vous souhaite beaucoup de courage. Je sais que vous n'êtes pas seule aujourd'hui, ce qui rendra votre perte moins pénible. Moi, je vous retrouverai demain matin. Je vous embrasse, ma famille se joint à moi. Sophie. »

Lundi 9 mars, 12 heures.

Retour à Paris. J'appréhende cette journée. Je dois déjeuner et faire des dédicaces au Salon de la chaussure de Villepinte. Après l'affaire *Libération*, je redoute les critiques. En fait, l'après-midi se passe tranquillement, si ce n'est qu'en guise de cachet la marque qui m'a invitée me propose des chaussures ! Nous voilà revenus à l'époque du troc : une jolie fille contre trois paires de chaussures.

Et malheureusement, aucun des modèles exposés ne me plaît. Comprenant vite que « c'est ça ou rien », j'accepte cependant le marché. Ce n'est pas le moment de me faire remarquer !

Dans la voiture, j'apprends que ce soir je dormirai chez Geneviève. Pourtant nous n'avons rien de prévu tôt demain matin, puisque je dois juste faire des photos pour les bijoux Newgold, un des sponsors de l'élection, à 11 heures. Mais je suppose qu'après la mort de son chat Mme de Fontenay ne souhaite pas passer la soirée seule. Ça va être gai...

Pendant que Geneviève vérifie ses fax, je monte poser mes affaires dans l'ancienne chambre de Xavier. Lorsque je redescends, on entend les mouches voler ! La télé est éteinte et Geneviève travaille. Je me dirige vers la cuisine pour essayer de deviner le menu du dîner quand Xavier entre en trombe dans la maison.

Il vient de découvrir le contenu du prochain numéro de *L'Écho des Savanes*, qui a monté un dossier sur la concurrence entre les deux comités qui revendiquent le titre de Comité Miss France. Au sommaire figure une interview de moi... alors que je n'ai jamais rencontré aucun journaliste de ce mensuel. Il se calme, repart.

Quant au dîner, pas d'indices. Ce sera la surprise. Et quelle surprise ! En guise de plat de résistance, Geneviève sort une boîte de thon pour une personne. Nous la partageons. En accompagnement, des biscottes ou un reste de pain auquel il est « dur » de donner un âge... J'ai également droit à une soupe. Ce n'est pas ici que je vais grossir. Le dîner expédié en deux temps trois mouvements, je me retire poliment dans ma chambre, où je m'occupe en effectuant quelques exercices de gymnastique et des abdos, car il n'y a pas de télé dans la pièce. Vive les téléphones portables : je passe la soirée à appeler mes copines et mes parents. Si seulement je n'avais pas si faim... Je m'endors en rêvant à un petit déjeuner pantagruélique.

Mardi 10 mars, 9 heures.

J'ai bien fait de rêver car le petit déjeuner se révèle aussi peu consistant que le dîner de la veille : un peu de café et deux petits morceaux de pain, autant dire rien pour moi qui engloutis d'ordinaire une demi-baguette. J'ai beau fouiller la cuisine, je ne trouve rien d'autre à me mettre sous la dent.

La séance photo pour Newgold se déroule sans problèmes, sous l'œil complice de ma copine Babou. Cet après-midi, nous partons toutes les deux en Normandie, à Neaufles-Saint-Martin, dans l'Eure, pour l'émission *Le Jardin des bêtes*, animée par le Dr Pierre Rousselet-Blanc et diffusée sur France 3. Non seulement je suis son invitée principale, mais il m'a proposé d'être la coanimatrice de l'émission. Une vraie coanimatrice !

16 heures.

Le Jardin des bêtes porte bien son nom. Ici pas de studios surchauffés ou trop climatisés, ni de loges : l'émission se tourne dans la propriété du Dr Rousselet-Blanc et l'équipe et moi logeons sur place. Tout le monde se retrouve pour les repas autour de la table familiale. Voilà qui me plaît.

Et puis, c'est vraiment le royaume des animaux, et surtout des chevaux, car les maîtres des lieux partagent ma passion de l'équitation. D'ailleurs, dès mon arrivée, Anne, la fille de mon hôte, m'emmène en balade à cheval dans le village. On ne peut rêver meilleure entrée en matière.

Le soir, je visionne les reportages que j'aurai à commenter le lendemain. Pour la première fois depuis que je côtoie l'univers de la télévision, je sens que l'équipe cherche à mettre tous les atouts de mon côté. Mieux, tous semblent me faire confiance.

Mercredi 11 mars, 8 h 30.

Tout le monde sur le pont ! Comme Mme de Fontenay est restée à Paris, je peux endosser en toute quiétude une tenue de circonstance : jean, gros pull, veste chaude et bottines. Même Geneviève ne peut pas s'attendre à me voir patauger dans la boue en robe de satin et couronne. Je dois même présenter quelques sujets à cheval.

Une équipe de *TV+* fait irruption dans la cour. D'ou sort-elle ? On verra cela plus tard. Pour l'instant, j'ai d'autres chats à fouetter. C'est à moi de jouer !

Le premier plateau se déroule sur les marches du perron de la maison avec Pierre Rousselet-Blanc une marche au-dessus de moi pour compenser notre différence de taille. Puis je présente les plateaux suivants à califourchon sur Théo, après un petit galop dans la prairie. L'équipe me félicite de cette prestation et m'invite à revenir plus tard travailler en son sein. En prime, quelques conseils pour la suite de ma carrière télé, après visionnage des prises. Vivement le 4 avril, date de diffusion de l'émission.

Jeudi 12 mars, 10 heures.

Aujourd'hui, je pose pour la bonne cause à l'imprimerie du Barrois de Bar-le-Duc, qui veut tester son tout nouveau système de photographie numérique. Les posters imprimés à mon effigie grâce à cette technologie de pointe seront vendus au profit des Restos du Cœur, après dédicace de ma main, bien sûr. Un millier d'affiches part dans la journée.

Vendredi 13 mars, 9 h 48.

Heureusement que j'ai pris un peu d'avance car je tombe dans la gare sur une classe de quatrième. Dès que les enfants me reconnaissent, ils se précipitent sur moi, leurs cahiers scolaires et agendas grands ouverts. Ça piaille de partout ! J'empoigne mon stylo et je signe à toute vitesse. J'ai beau leur dire que je vais louper mon train, ils insistent pour obtenir tous mon paraphe. Je saute dans mon wagon en catastrophe.

15 h 30.

Départ pour la Pologne. Mme de Fontenay et moi sommes conviées par la marque Cymbeline, notre fournisseur officiel de robes de gala, à l'inauguration de son nouveau magasin de Varsovie. Chouette, je vais encore découvrir un pays ! Pour l'occasion, Geneviève surmonte sa peur des voyages aériens.

J'assiste au décollage dans la cabine de pilotage. Mais le survol de Varsovie enneigée au crépuscule me coupe le souffle. Quel spectacle magique...

Samedi 14 mars, 11 heures.

Je suis coiffée, maquillée, apprêtée en Miss France et suivie par une meute de journalistes, de photographes et de cadreurs. Devant le magasin cerné par la foule, une chanteuse d'opéra, une comédienne locale et, chose plus surprenante, un curé m'attendent. Quand on me précise que l'homme d'Église s'apprête bénir les lieux afin de leur porter chance, je prends un fou rire. Mon hilarité contagieuse gagne même Mme de Fontenay. Elle a vu beaucoup de choses dans sa vie, mais ça, jamais !

Après l'inauguration très solennelle avec bénédiction, chants d'opéra en fond sonore, et une Miss France au sérieux retrouvé pour couper le ruban, place au spectacle, un défilé dans une salle pleine à craquer. Devant l'affluence, les mannequins polonais et moi effectuons trois passages au lieu des deux prévus. Gros succès pour les robes Cymbeline.

Mme de Fontenay et moi profitons de quelques minutes de répit pour choisir de nouvelles robes de gala, notamment celles que je porterai pour le concours de Miss Univers. Geneviève m'inquiète un peu : la voilà qui flashe sur une robe verte imitation pelouse parsemée de marguerites, qu'elle trouve très branchée. Si elle s'imagine que je vais porter ça, elle rêve !

Nous avons bien mérité un bon dîner dans une vieille auberge au cœur de Varsovie. Un endroit magnifique entièrement lambrissé et meublé de grosses tables de ferme. Décidément, tout ce qui est en bois rustique me séduit. Geneviève est toujours aussi décontractée. En cachette, je lui envoie une petite carte postale pour la remercier de ce séjour. Elle la recevra après notre retour, mais c'est le geste qui compte, non ?

Dimanche 15 mars.

Je vais passer la journée à voyager : Varsovie-Paris, puis Paris-Bar-le-Duc. Arrivée prévue vers 22 heures après quelque dix heures de pérégrinations. En revanche, pas de décalage horaire cette fois.

J'ai à peine eu le temps de poser mes bagages que je reçois un fax de Mme de Fontenay. Elle ne perd pas de temps :

« Je vous imagine dans le train. Je viens de me régaler avec *30 Millions d'amis* [diffusée en notre absence, mais mes parents ont enregistré l'émission]. C'était SUPERBE. Tout le reportage : images très belles, beaucoup de gentillesse et de sensibilité dans le commentaire et vous, toujours très jolie (mais oui !). Il ne manquait que Titano pour ronronner auprès de votre belle « conquête » (une semaine aujourd'hui qu'il est parti). Je profite de ce fax pour vous souhaiter un joyeux anniversaire, demain 16 mars. Beaucoup de bonheur et de réussite dans votre vie. Pour l'instant le destin vous a souri. J'espère que vous trouverez le bonheur que vous méritez en rencontrant un jour celui qui partagera votre vie. Vous savez, Sophie, la vie est étrange : pour vous le 16 mars est une date heureuse, tandis que pour moi, c'est l'anniversaire du jour où celui qui fut mon compagnon pendant vingt-quatre ans quitta ce monde. Cela fera dix-sept ans demain. Mais il demeure toujours présent à mes côtés. Je serai malgré tout avec vous par la pensée demain au milieu de votre famille. Je vous embrasse affectueusement sans oublier vos parents, vos grands-parents et votre frère. »

Elle est adorable Geneviève mais là, elle disjoncte un peu ! Mon anniversaire ne tombe pas demain ; je suis née le 7 mai 1976. Probablement le fait de se retrouver seule chez elle après un séjour aussi divertissant et dépaysant... Je ne vais pas relever l'erreur pour éviter de la blesser.

Mercredi 18 mars.

Aujourd'hui, je joue la régionale de l'étape, comme on dit dans le cyclisme. Au programme : Nancy, Metz et Strasbourg dans la journée. Record à battre. Quoique je ne devrais pas me plaindre car, d'ordinaire mon programme me conduit plutôt à sillonner la France en long et en large. Le Comité s'ingénie en effet à me faire enchaîner une prestation à Toulon et un gala à Arras ou à Bayonne. Pas très logique, tout ça.

Le marathon commence à 10 heures à Nancy par une interview avec un journaliste de *Télé K7*. Pour la photo qui accompagnera l'article, il ne se creuse pas les méninges : on la prend dans le hall de l'hôtel Mercure. Encore un cliché artistique... Pas étonnant après que tant de gens me disent que je suis « mieux en vrai » ! Sans doute devrais-je refuser ces photos à la va-vite mais, là, je n'ai pas le choix. Va pour le hall de l'hôtel !

Le déjeuner (à Metz) est consacré à un journaliste du *Républicain Lorrain* tellement pressé qu'il ne me laisse même pas le temps de finir mon dessert. Sacrilège !

Cet après-midi, tournée « France Télécom ». Après deux cents signatures dans une agence, j'en rejoins une deuxième pour une centaine de dédicaces supplémentaires. À ce rythme, il va falloir renouveler les stocks de photos du Comité ! On me couvre de cadeaux : un Tatoo, que je donnerai à mon frère, et un téléphone sans fil, que j'offrirai à ma mère. Toute la famille sera équipée.

Après un nouveau voyage solitaire en train, François Schlosser, le délégué régional du Comité Miss France pour l'Alsace, m'accueille à la gare de Strasbourg. Dîner avec les organisateurs du Salon « Énergie Habitat » de Colmar, que je dois inaugurer le lendemain. Ayant retenu la leçon du Salon de l'agriculture, j'ai emporté une paire de chaussures plates. Et Mme de Fontenay n'est même pas là pour me le reprocher.

21 heures.

Je m'apprête à regagner mon hôtel quand François Schlosser m'invite à boire un dernier verre dans un bar branché, Aux Dominicains. Je flaire l'embrouille car mon interlocuteur me semble avoir passé l'âge de fréquenter les bars à la mode. Gagné !

– Le patron est un ami. Venez une petite heure. Juste boire un verre, tranquillement. Il sera heureux. Ça lui fera de la pub. Si vous voulez il vous donnera de l'argent en liquide, pour votre présence.

Il est encore tôt et je sens qu'il ne va pas me lâcher ; je cède donc. Là, c'est la totale : à peine suis-je entrée qu'un « Mesdames et Messieurs, Sophie Thalmann est parmi nous ! » retentit. Je découvre alors des affiches annonçant ma venue et une séance de dédicaces... sans oublier un écran géant retransmettant mon élection du 13 décembre. Le vrai piège. Je planterais volontiers

Schlosser et son copain bistrotier, mais je ne me sens pas le cœur de blesser ses clients, qui se sont fait abuser tout comme moi. Je m'exécute donc tout en surveillant la salle, à l'affût d'un photographe de presse locale. Il ne manquerait plus que je figure dans le journal de demain alors que je ne suis pas censée être en représentation ici. Et si elle apprend qu'on me paie au noir, Mme de Fontenay me tuera. En attendant, je me charge d'expliquer au délégué indélicat ce que je pense d'un tel traquenard.

UN JOUR, MON RÊVE VIENDRA...

Jeudi 19 mars, 10 heures.

J'arrive au parc des expositions de Colmar pour inaugurer le Salon « Énergie Habitat ». Si je savais de quoi il s'agit, cela faciliterait mon discours, mais je me débrouille. Je coupe gracieusement le ruban, puis entame un tour au pas de charge. Je dois tout de même m'arrêter quelques minutes pour jouer au babyfoot (!), recevoir une belle lithographie et caresser un labrador guide d'aveugle, sosie de Jockie. Puis au revoir messieurs, au revoir mesdames !

Un des organisateurs du Salon me ramène chez moi en voiture, geste que j'apprécie. Il est 14 heures : je n'ai pas traîné.

Sur la route, mon téléphone portable sonne :

– Bonjour, je suis Martine, l'assistante de Jean-Luc Delarue. Jean-Luc souhaiterait déjeuner avec vous. Le 26 mars vous conviendrait-il ?

– Ha ! ha ! Très drôle. Qui est à l'appareil ?

– Martine, l'assistante...

– Écoutez, qui que vous soyez, je déteste les blagues téléphoniques ! Envoyez un fax à M. Christin parce que, sincèrement, je ne vous crois pas.

Et je raccroche. J'ai déjà été piégée par *France Dimanche.* Une fois ça suffit ! Je préviens François, qui m'approuve à 100 %. À l'entrée de Nancy, mon téléphone sonne à nouveau :

– C'est François. Tout à l'heure, c'était bien l'assistante de Delarue que tu as eue. Je viens de recevoir son fax. Jean-Luc veut te voir.

Oh la gaffe ! Vers 19 h 30, je reçois un nouvel appel :

– Alors on ne veut pas me croire ?

– Pardon ? Qui est à l'appareil ?

– Alors, comme ça tu ne veux pas me croire ? C'est Jean-Luc Delarue à l'appareil ! À partir de maintenant, si on te propose quoi que ce soit, tu refuses tout ! C'est moi ton producteur !

Je suis trop stupéfaite pour articuler une réponse sensée.

– Ah bon ?

– Oui. Je pense souvent à toi. Je veux bosser avec toi. Ne t'inquiète pas, ça se passera bien ; je te guiderai par ton oreillette.

Mon oreillette ? Mais c'est qu'il semble sérieux. On dirait qu'il a déjà une idée d'émission assez précise pour moi.

– Tu vas voir, je vais faire de toi une animatrice. C'est la chance de ta vie. Éclate-toi ! Moi ça fait dix ans que je m'éclate. Mais, s'il te plaît, ne parle de ça à personne pour le moment, surtout pas aux Fontenay. Je m'occuperai de tout en temps voulu. À bientôt.

Et il raccroche. Je crois rêver : mon modèle professionnel m'appelle en personne pour m'annoncer qu'il souhaite travailler avec moi. C'est le monde à l'envers ! Et en plus, je dois garder cette nouvelle pour moi... Impossible. Je ne peux résister à l'envie de la faire partager à mes parents ; nous allons fêter cela au restau. Je crois que papa et maman sont assez soulagés de voir que ma couronne peut offrir des débouchés pour l'avenir.

Vendredi 20 mars, 8 heures.

Je n'ai presque pas dormi. Trop excitée par ma future carrière d'animatrice télé dans l'écurie de Jean-Luc Delarue. Je vis un second conte de fées !

C'est à peine si je jette un œil aux fax de Mme de Fontenay qui évoquent les manifestations à venir. Une seule page retient mon attention. Le magazine *Téléstar* souhaite me consacrer un reportage avec photos en famille et à cheval, et propose une visite des locaux du journal. Mais c'est surtout la fin du message qui m'intéresse : « Sophie devra choisir une personnalité qu'elle rêve de rencontrer afin de l'interviewer. » Inutile de préciser à qui je pense...

Que d'émotions... qu'il va me falloir taire à Geneviève.

Annie, responsable de la communication de divers établissements et hôtels de luxe, m'attend à la gare avec un billet d'avion pour Nice, ma prochaine destination.

À l'aéroport, je suis attendue par une de mes tantes, qui habite Grasse. Quand j'étais petite, je passais mes vacances chez elle et chez ma grand-mère, Rose, qui habite elle aussi la région. J'ai mille choses à leur raconter, à commencer par la proposition de Jean-Luc Delarue. Quand je vous disais que je ne pouvais pas tenir ma langue...

Samedi 21 mars, 10 heures.

Matinée géniale ! Comme quand j'étais gamine, je vais faire le marché à Grasse. Sauf qu'aujourd'hui je suis Miss France et que tout le monde me reconnaît. Les vacances tranquilles dans le coin me semblent compromises pour le moment. Finis les bains de soleil sur la Croisette.

20 heures.

J'assiste ce soir à la réception qui marque la réouverture du château de la Messardière, un magnifique hôtel de Saint-Tropez que je n'avais jusqu'à présent admiré qu'en photo. Et l'établissement vaut le détour. J'ai beau être Miss France et avoir été invitée dans de superbes endroits, j'avoue que ce lieu en jette !

Mon regard part à droite, à gauche, au plafond même, pour admirer les lustres. Impossible de le contrôler ! Je ne voudrais pas passer pour une provinciale qui ne connaît rien à la jet-set, mais le décor qui m'entoure est trop beau (pour vous dire : ma tante était tellement impressionnée par la majesté des lieux qu'elle n'osait pas franchir l'entrée du domaine de la Messardière). Qui me dit que je serai réinvitée ici ? Alors, j'en profite !

Ma chambre semble tout droit sortie d'un conte des *Mille et Une Nuits*, avec son balcon donnant sur le golfe de Saint-Tropez et son immense lit à baldaquin. Le must. Dommage que j'y dorme toute seule. Quel gâchis ! Il faudra que je revienne avec mon prince charmant – quand je l'aurai déniché.

Mme de Fontenay me rejoint pour la soirée. Deux cents invités et personnalités... et pas une demande d'autographe. Pas de ça entre nous. Je fais la connaissance de gens charmants comme Gonzague Saint-Bris et sa compagne, laquelle m'invite à essayer des vêtements dans sa boutique parisienne. Sympa ! Espérons que le rêve se poursuive de cette manière.

Mercredi 25 mars.

Pour se poursuivre, il se poursuit, le rêve ! Je viens de passer trois jours à me reposer et à répondre au courrier qui s'empile chaque jour un peu plus dans ma chambre. Trois jours sans pression.

Tout à l'heure, j'ai rendez-vous avec Plou-Plou, le fameux chorégraphe qui s'était acharné sur moi pendant les trois semaines de préparation de l'élection de Miss France. J'imagine qu'il agissait ainsi pour me pousser et me motiver. Plou-Plou, qui voyait en moi une lauréate en puissance, souhaitait me faire progresser le plus vite possible. Encore un qui a du mal à communiquer... Ils sont tous comme ça dans l'organisation, ou c'est moi qui les attire ?

Aujourd'hui, le pauvre Plou-Plou vient de se faire remercier par Xavier de Fontenay. Tout ça parce qu'il s'est disputé avec Ted, le fils de Geneviève Leblanc, la fée Clochette. C'est ainsi, au Comité. Dès que quelqu'un prend trop d'importance ou ose se rebeller, Xavier fait le ménage. Il n'y a que moi qui suis presque invirable ! Et encore...

Jeudi 26 mars, 12 h 30, réception de Réservoir Prod, la société de Delarue.

Je n'ai pas dormi de la nuit tant je brûle de connaître les projets de Jean-Luc Delarue pour moi. Troublée, je bafouille :

– Bonjour, j'ai rendez-vous avec Réservoir Prod.

La réceptionniste, hilare :

– Vous y êtes !

Moi, confuse :

– Pardon, avec Jean-Luc Delarue.

On me conduit alors dans un immense bureau désert. Quelques minutes plus tard, il entre, appuyé sur des béquilles – il s'est blessé en jouant au foot. Sa secrétaire le suit avec le déjeuner. Japonais pour lui et pour moi, peu importe car j'ai l'estomac bien trop noué pour avaler quoi que ce soit.

Nous discutons longuement de mon planning, de ma vie de Miss, de mes revenus, de mon avenir, de mes relations avec Geneviève : Jean-Luc veut tout savoir. Il évoque aussi mes prestations dans *30 Millions d'amis* et dans *Le Jardin des bêtes*. Je sens qu'il a compris que j'aimais les animaux.

– Voilà, m'annonce-t-il, j'ai un projet pour toi. Une émission animalière, un talk-show de services destinés aux animaux de compagnie. Le concept est simple : tu reçois des propriétaires d'animaux sur un plateau, ils te racontent leurs problèmes et des chroniqueurs spécialisés se chargent d'y répondre. On ajoutera quelques reportages divertissants sur des numéros exceptionnels réalisés par des chiens ou des chats de particuliers et le tour sera joué. Quand penses-tu pouvoir tourner un pilote ? L'idéal serait de le faire avant ton départ pour l'élection de Miss Univers.

– Ça va être difficile, lui dis-je la mort dans l'âme. Mon agenda est surchargé.

– On va quand même essayer de caler des dates. Je m'en occupe.

Je ne touche plus terre. Mon rêve va se réaliser : je vais devenir animatrice, c'est sûr maintenant, et je vais travailler avec Delarue. Top !

Vendredi 27 mars, 10 heures.

On sonne à la porte de la maison de mes parents.

– Sophie, c'est un livreur de fleurs. Vas-y, c'est sûrement pour toi, me dit mon père.

– Mais non, je n'attends pas de fleurs. De toute façon, si ce n'est pas Jean-Luc qui les envoie, je n'y vais pas ! Et comme je suis sûre que ce n'est pas lui... Papa, tu veux bien t'en charger ?

Mon père revient les bras chargés d'un énorme bouquet de roses blanches et me tend la petite carte qui l'accompagne, un sourire narquois aux lèvres : « Sophie, merci d'être venue jusqu'à nous, à Paris. J'espère que nous ferons de belles choses ensemble. Embrasse ton chien sur la truffe et dis bonjour de ma part à ta maman. Jean-Luc Delarue. »

Le choc ! Ma mère éclate de rire. Elle était dans la confidence car la secrétaire de Jean-Luc l'avait appelée pour s'assurer de ma présence à Bar-le-Duc. Dans l'euphorie du moment, je photographie le bouquet avec ma chienne à côté. On ne sait jamais : des fois qu'elle se présente au casting de ma future émission animalière...

Dimanche 29 mars, 14 h 30, Orly-Sud.

Départ pour Nice et une séance de dédicaces au casino de Saint-Raphaël. Geneviève me sermonne :

– J'ai reçu une coupure de presse relatant votre passage au salon « Énergie Habitat » de Colmar. Qu'aviez-vous aux pieds ? Je vous ai pourtant dit de toujours porter des chaussures à talons lors des représentations officielles. Je n'aime pas du tout ces mocassins.

Râle tout ton soûl, Geneviève : j'ai la tête ailleurs. Dans les étoiles, pour être exacte. Je me vois déjà animatrice... Mon détachement manifeste accroît son irritation. Elle va me faire la tête toute la journée ; je la connais.

En tout cas, elle tient sa vengeance avec l'accoutrement qu'elle m'a concocté : un bustier blanc et une jupe blanc et bordeaux coupée comme un tutu de danse. Même à six ans, pour un ballet, on n'aurait pas osé me faire porter ça. Il ne manque plus que des socquettes blanches à mon déguisement d'adolescente modèle pour fantasmes masculins. Pour mon malheur, dans le Sud, on fait les réflexions à voix beaucoup plus forte qu'ailleurs.

Lundi 30 mars, 19 heures, Paris.

Après une interview sur Europe 1, j'arrive pour LA grande soirée : celle des Sept d'or. Là où tous les professionnels de télé sont réunis. L'occasion inespérée pour moi de dire à tous : pensez à moi pour vos projets ! Mais une fois de plus la tenue choisie par Mme de Fontenay risque de ne pas plaider en ma faveur : elle a ressorti une nouvelle panoplie de petite fille modèle, tendance russe, cette fois. La honte ! Toutes les autres femmes arborent de magnifiques robes du soir et, moi, je parais dix-sept ans maximum. Avec des couettes, on m'en donnerait quinze.

Bilan de la soirée : j'ai passé mon temps à me cacher (et à cacher mon affreux ensemble). Du coup je n'ai parlé qu'au photographe de *Télé 7 Jours*. Ce n'est pas comme ça que je ferai carrière ! Enfin, il se présentera d'autres occasions... j'espère.

BILAN DU MOIS DE MARS

– Nuits d'hôtel : 19

– Nuits à la maison : 12

– Passages télé : 5

– Représentations : 14

– Photos dédicacées : 3 200

– Bises : Je ne les compte plus !

– Kilomètres parcourus : 9 000 sans compter l'aller-retour Paris-Varsovie

– Kilos pris : 0 (J'ai dû faire attention ce mois-ci après les réflexions de Geneviève...)

Mercredi 1er avril, 10 heures, Bar-le-Duc.

Ce n'est pas un poisson d'avril, je suis malade. Clouée au lit... et contrariée car Xavier de Fontenay veut signer un contrat avec France 3 sans me demander mon avis ! La chaîne souhaiterait que j'anime son émission estivale *40 ° à l'ombre*. Deux mois à faire la tournée des plages françaises, et en direct, s'il vous plaît ! Un peu comme si on annonçait à une danseuse débutante : « Ce soir, tu te produis à l'Opéra ! ». J'appelle Jean-Luc pour le prévenir de ces manœuvres en coulisses.

– Sophie, tu fais ce que tu veux, mais sache que ce

genre d'émission est très casse-gueule. C'est difficile, le direct, et c'est épuisant. Je vais m'occuper de ça avec Xavier de Fontenay. De toute façon, il faudra bien tôt ou tard le mettre au courant de nos projets.

Rassurée par cette promesse, je téléphone à Mme de Fontenay pour lui expliquer que l'émission de France 3 ne me tente pas tellement.

– Ça me fait peur. Vais-je en être capable ?

Ce que je prends dans les oreilles !

– Mais c'est la chance de votre vie ! Vous ne vous rendez pas compte ! C'est grâce à nous si vous réalisez votre rêve. Grâce à votre titre de Miss France. Xavier a tout négocié.

Je me retiens de lui parler de mes tractations avec Delarue, mais cela me démange. Il faut en avertir les Fontenay avant qu'il ne soit trop tard. Pas question de laisser passer l'offre de Jean-Luc pour débarquer dans une émission où je risque de me griller en deux semaines ! Et encore, deux semaines, je vois large !

Jeudi 2 avril, 9 heures.

C'est que l'histoire de France 3 paraît vraiment sérieuse. J'ai sous les yeux la copie d'une lettre adressée à Xavier de Fontenay par Case Productions, la société de l'animateur Arthur, qui produit entre autres l'émission en question : « Concernant l'émission de l'été présentée par Miss France, en effet, cela pourrait être une bonne idée que de suivre les répétitions et l'enregistrement de la première. »

Xavier a enclenché la machine. Je sens que je vais être prise au piège. Pourtant, je n'ai rien signé. Pourvu qu'il ne l'ait pas fait en mon nom... Au fond, j'aurais peut-être dû lire le contrat me liant au Comité Miss France avant de le signer. Je découvre qu'une Miss n'a rien à dire quand on s'occupe de son avenir. Si Jean-Luc ne se dépêche pas d'appeler, cet été je vais me retrouver sur la plage. Et pas pour des vacances.

Vendredi 3 avril, 16 heures.

Nous partons de Saint-Cloud en voiture. Direction Cholet pour l'élection de Miss Maine-et-Loire.

Martine, la secrétaire de Delarue, m'appelle dans la voiture. Difficile de lui parler sans éveiller la curiosité de Geneviève, qui tient le volant. Je retiens juste que Jean-Luc prendra contact avec Xavier et Geneviève dès lundi, et qu'il souhaiterait tourner un pilote de l'émission le 28 avril. Impossible ! Je serai déjà à Honolulu pour le concours de Miss Univers. J'espère qu'ils trouveront une autre date.

Samedi 4 avril, 13 heures.

Je me suis levée si tard que j'ai loupé la diffusion du *Jardin des bêtes*. Pas Geneviève ! Elle m'a trouvé géniale... ce qui l'incite à remettre sur le tapis ma participation à l'émission de l'été sur France 3. Ses arguments sont toujours les mêmes : la chance de ma vie, pas assez confiance en moi, je réalise mes rêves, j'ai de réelles qualités d'animatrice, etc. Vivement lundi, qu'elle prenne connaissance du projet Delarue. Plus que deux jours à tenir. J'espère qu'à France 3 on ne fait pas signer de contrats le week-end !

Dimanche 5 avril, 9 heures.

Départ pour Paris et un après-midi à l'hippodrome de Longchamp pour une « journée découverte des courses ». C'est la première fois que je pénètre dans ce genre d'endroit. Je croyais les hippodromes réservés à une élite friande de courses élégantes à l'occasion desquelles les femmes portaient des robes et des couvre-chefs renversants et les hommes des chapeaux hauts de forme.

Mon programme est assez chargé : courses, passage en direct sur France 3 pour les résultats du tiercé, remises de prix, visite des ateliers consacrés aux arts et métiers du cheval, dédicaces sur le stand du PMU, nouveau passage télé pour *France Courses*, séance photo avec les jockeys et la presse hippique. Ouf ! En plus, il fait un froid de loup.

Entre deux dédicaces, je fais la connaissance de Lionel Charbonnier, le gardien de but de l'équipe de France de football, qui est un grand amateur de chevaux. Lui aussi est là pour bosser et lui aussi aimerait bien, comme moi, s'amuser un peu... et se réchauffer. Pour ça, rien de tel que de fausser compagnie à nos hôtes le temps de disputer une course hippique... sur un jeu vidéo grandeur nature – c'est-à-dire qu'on chevauche véritablement des montures électroniques. Quelle rigolade ! Avec de tels « collègues » de tournée, la journée passe vite et dans la bonne humeur. Je ne me suis même pas enrhumée.

Mardi 7 avril.

Pas de nouvelles de Jean-Luc. Enfin si, mais pas celles que j'attendais. Il m'invite ce soir à l'enregistrement de son émission *C'est l'heure*. Pour la troisième fois. Je vais devenir son invitée fétiche si ça continue ! L'émission a pour thème le chocolat et les fêtes de Pâques. Irrésistible.

Drôle d'impression : en arrivant dans les studios, j'ai déjà la sensation de faire partie de l'équipe. Jean-Luc vient m'embrasser :

– Ça va, ma chérie ?

Khad et Olivier font eux aussi un petit tour dans ma loge :

– Alors, on va bientôt travailler ensemble ?

Tout le monde semble au courant de mon projet, ce qui signifie qu'il n'est pas tombé à l'eau. Mes débuts professionnels ne sont plus qu'une question de jours. Je le sens, je l'espère, j'en rêve.

À la fin de l'émission, Xavier de Fontenay me fait rentrer sous terre de honte lorsqu'il se précipite sur le plateau, profitant de l'agitation générale, pour récupérer tout le chocolat disposé sur la table. Ils font des réserves de nourriture à Saint-Cloud ? On n'annonce pourtant pas de pénurie de chocolat. Je ne sais plus où me mettre.

Je regagne Bar-le-Duc avec un gros bouquet de jonquilles blanches. Il aime le blanc, Jean-Luc...

Mercredi 8 avril, 11 heures.

Journée médias. *Téléstar* et une équipe de *La Grande famille* de Canal+ me suivront toute la journée pour leurs reportages. Nous tournons dans le magasin Bergère de France, où je découvre les photos prises à Miami, et une nouvelle fois devant le chocolatier de la ville. Il va finir par être connu celui-là ! En vue de mes débuts derrière le micro, j'essaie de m'améliorer à chaque reportage et de retenir tous les conseils qu'on me dispense. Pourvu que je ne fasse pas ce travail pour rien.

19 heures.

Appel de Jean-Luc. Ça y est : il a réussi à joindre Mme de Fontenay, et ses avocats se chargent de rédiger un précontrat. Je suis folle de joie et soulagée. Je redoutais vraiment que Geneviève refuse.

Jeudi 9 avril, 9 h 30.

Grosse journée en perspective. Elle commence par une interview à RMC avec Jean-Pierre Foucault. Mais ce matin les rôles sont inversés : c'est moi qui tiens le micro et c'est lui qui répond aux questions. Il a en effet accepté d'être mon interviewé pour *Téléstar*. Par principe, Delarue ne répond jamais aux demandes des magazines, mais Jean-Pierre Foucault a très gentiment accepté de jouer le jeu. Je retiens précieusement ses conseils. Il me donne une envie folle de faire de la radio, mais pour le moment c'est à la télé que je dois briller.

En attendant, séance photo pour la campagne publicitaire de l'opération « Nez Rouge », qui vient en aide aux enfants atteints de maladies génétiques et dont je suis cette année la marraine.

18 h 30.

Me voilà à Canal+ pour l'enregistrement de *Nulle Part Ailleurs*. Philippe Vecchi et Alexandre Devoise – un grand copain de Jean-Luc Delarue avec qui il a longtemps partagé un appartement – me cherchent un peu. Je leur réponds avec aplomb. C'est que je prends de l'assurance ! Le métier rentre... Bravo, ma fille.

Mon euphorie ne dure guère car à peine la porte de la 806 refermée sur nous, Mme de Fontenay se répand en reproches parce que je n'ai pas porté mon écharpe pendant l'émission. En réalité, je crois qu'elle est surtout furieuse après Jean-Luc, qui la harcèle pour fixer une date pour le pilote de notre émission. Elle préférerait que je me consacre entièrement à mes activités de Miss. À mon arrivée à l'hôtel, je trouve d'ailleurs un fax plus conciliant :

« Très chère Sophie, je voudrais encore vous féliciter pour votre excellente prestation à Canal+ et pour les progrès spectaculaires de votre gestuelle : vous n'avez plus aucun complexe à avoir. »

Elle n'aurait pas pu me dire ça de vive voix, à la sortie de l'émission ? Eh non... elle est comme ça, Geneviève ! Sûrement aussi timide que moi quand il s'agit de faire des compliments. C'est pour ça que le fax est bien pratique. Pour toutes les deux.

Vendredi 10 avril, 14 h 15, Bar-le-Duc.

Grande journée pour les postiers de Bar-le-Duc : je trône au milieu de l'agence du boulevard de La Rochelle pour signer des photos. La poste ne désemplit pas jusqu'à 17 heures. Même mes grands-parents se déplacent pour assister à l'événement. Je les embrasserais bien, mais si je commence je suis perdue !

Après la poste, un cadeau : un énorme œuf de Pâques en chocolat à mon effigie. Une œuvre d'art que je regrette presque de croquer. Mais devant le chocolat, je ne résiste pratiquement jamais. Je vais encore manger de la Miss, ce soir ! Et ma balance n'en sera pas plus heureuse.

Je termine la journée à la côte Sainte-Catherine, un quartier HLM de Bar-le-Duc que j'ai habité petite. Je donne le coup d'envoi d'un tournoi de foot en salle, sous les yeux de mes parents et de quelques centaines de personnes. C'est ma dernière représentation dans ma ville avant la fin mai car, dans quelques jours, je m'envole pour trois semaines à Hawaii, qui accueille cette année le concours Miss Univers.

Miss Univers ! Quel titre dingue, quand on y pense. La plus belle femme de l'Univers. Encore mieux que Miss Monde. Ça veut dire quoi, d'ailleurs, cet « Univers » ? Qu'on règne non seulement sur les Terriennes, mais aussi sur les Martiennes ? N'importe quoi ! Mais même si le titre est pompeux, je suis très fière de faire partie des quatre-vingts plus belles femmes du monde. Ce n'est quand même pas donné à toutes les filles de vingt et un ans. Il y en a tellement qui rêvent de ma place.

Samedi 11 avril, 18 heures, Saint-Brévin. Gala d'élection de Miss Loire-Atlantique.

J'ai passé la matinée dans le train pour aller assurer une séance de dédicaces dans le salon de coiffure Saint-Algue de Saint-Nazaire. Encore 250 cartes de signées. Une bonne moyenne.

Contrairement à ce que l'on pourrait croire, je ne me lasse pas de ces galas. Je découvre chaque jour quelques ficelles qui me rendent meilleure sur scène. Et je suis heureuse de revoir certaines des Miss côtoyées lors de mon élection. Curieuse aussi de savoir ce qu'elles deviennent. Leurs réponses me font mieux mesurer ma chance de vivre cette aventure.

Deux faits marquants pour cette soirée. Primo, pour la première fois, le spectacle est accompagné en chansons par une jeune artiste talentueuse, Sophie Delmas. Ça change des tubes d'Annie Cordy ou d'Édith Piaf que l'on nous sert d'habitude. J'ai bien essayé de convaincre Geneviève de moderniser le programme musical, mais elle ne veut rien entendre. Pour chaque représentation, elle établit un conducteur (abondamment raturé) indiquant l'enchaînement des morceaux et le remet avec les vinyles et les CD qu'elle transporte dans son Vanity au pauvre DJ de service. À lui de se débrouiller avec les gribouillis de madame.

Secundo, j'arbore la robe verte, imitation pelouse et marguerites – vous savez, celle choisie par Geneviève en Pologne. Impossible d'y couper ! Je suis si ridicule que j'en pique un fou rire. C'est trop kitsch ! Heureusement, la nouvelle collection Cymbeline arrivera bientôt car je commence à en avoir marre des vêtements qui tournent de gala en gala depuis deux ans, si ce n'est plus. Je ne vous raconte pas l'état de certains ! Entre les modèles passés après de multiples lavages et ceux qui sont vieux, démodés, tachés ou décousus, il faut parfois renouveler le stock... Si on en profitait pour faire évoluer les chorégraphies ? Geneviève m'assure que c'est prévu. Bien : comme ça, je ne serai plus la seule à découvrir les pas de danse. On va voir qui se débrouillera le mieux ! Je me sens ragaillardie tout d'un coup.

Mercredi 15 avril, 14 heures.

Je n'ai pas fait grand-chose ces derniers jours. Rien que du classique – dédicaces et interviews – et du repos ! En passant devant le fax, je découvre par hasard que l'on me prépare un piège télévisé pour l'émission *La Télé s'amuse*, sur TF1. Le fax est adressé à ma mère. Je comprends pourquoi Geneviève me fait revenir demain à Paris sans me donner de détails ! Il va falloir que je joue la comédie de l'ignorance. J'espère au moins que le gag sera original.

Toujours pas de nouvelles de Jean-Luc Delarue. J'ai simplement appris qu'il rencontrait Xavier de Fontenay après-demain pour finaliser les termes du contrat.

Jeudi 16 avril, 11 h 50.

La journée gag télé commence dès ma descente de train. C'est parti ! Puisque je suis là, jouons le jeu. Un homme m'attend en brandissant bien peu discrètement une pancarte « Sophie T. ». Je me présente et, d'un coup d'œil, je vois qu'il porte une oreillette. Repéré ! Je m'apprête à monter dans sa voiture lorsqu'une meute d'inconnus se précipite sur moi pour me demander des autographes. Encore un coup monté : jamais une dizaine de personnes ne m'ont encore sauté dessus de la sorte depuis que je suis Miss ! Mes admirateurs savent se tenir, en général. On continue dans la même veine. Sur la route, une camionnette aux vitres teintées nous file le train sans discrétion. Si les caméras ne sont pas planquées là, je ne suis pas digne d'être Miss France ! Évidemment, elles sont dedans.

Je rejoins enfin Stéphane Bern au palais des Congrès de la Porte Maillot. Je suis censée lui répondre lors d'une fausse interview. Ses questions sont volontairement nulles, mais je continue à feindre de ne rien remarquer. Retournement de situation : c'est moi qui les piège à leur insu.

Le clou du gag, maintenant ! Pendant l'émission, un assistant débarque dans le studio, affolé. Il paraît que l'on vient de me voler la parure de bijoux en diamants gagnée lors de l'élection. Pas croyable ! Ça, c'est pas de chance alors ! Je leur fais le coup de la fille qui tombe en pleurs ? Non, j'en ai marre. Vite que ça se termine ! Tout le monde a l'air ravi du piège. S'ils savaient ce que j'en pense...

Comme si cela ne suffisait pas après une journée ennuyeuse, voilà que se déclare une rage de dents. Demain j'ai une séance de dédicaces et un gala à assurer. Je ne vais pas avoir ma tête des grands jours.

Vendredi 17 avril, 10 heures.

Je n'ai pas fermé l'œil de la nuit. Verdict du dentiste de Geneviève : il faut arracher la dent. Génial. C'est donc avec une dent en moins et une joue gonflée que j'arrive à Vire pour l'élection de Miss Normandie. Je passe d'abord dans un magasin Pirelli pour une séance de dédicaces. Trois cents signatures... et autant de bises, malgré ma rage de dents.

Une heure avant le gala, les organisateurs de la soirée se sont mis en tête de m'introniser dans la confrérie des amateurs d'Andouille... de Vire, bien entendu. Et pourquoi pas me nommer « Miss Boudin » aussi ? Je refuse catégoriquement. Je n'ai pas envie que demain la presse locale soit tentée de me rebaptiser « Miss Andouille ». Mme de Fontenay a beau insister, je lui tiens tête. C'est donc Miss Normandie, qui nous accompagne lors de ce gala, qui sera intronisée à ma place.

20 heures.

Je porte enfin une nouvelle robe, noire et magnifique. Je me sens bien. Trop bien sûrement, vu la suite des événements. La chorégraphie exige que je tourne sur moi-même pour faire voler ma robe autour de moi. Seulement, je me rends compte que j'ai complètement oublié d'enfiler une culotte sous mon collant ! Heureusement pour moi, les Miss sont placées de telle façon qu'elles seules peuvent s'apercevoir de cet oubli. Le public, lui, ne voit rien. Je le sais. Mais impossible de garder notre sérieux sur scène. Quelle crise de rire !

Samedi 18 avril, 15 heures.

Le week-end de galas se poursuit à Angers avec l'élection de Miss Anjou. Là encore, on a greffé sur mon programme une séance de dédicaces imprévue et gratuite, puisque je touche la somme forfaitaire de 2 500 francs pour participer à ces élections régionales. Les Miss qui m'accompagnent touchent 2 000 francs chacune par soirée... sans avoir à passer avant deux heures dans un supermarché. Aujourd'hui, j'ai droit au Géant Casino. Encore entre 300 et 400 cartes distribuées... et un poignet fatigué !

Le gala est moins mémorable que celui de la veille, si ce n'est que Mme de Fontenay a décidé de tester le logement chez l'habitant en chambres d'hôte. À 3 heures du matin, nous débarquons chez des Anglais ravis de nous accueillir. Ces fans de reines de beauté ont baptisé chacune de leurs chambres d'un nom de Miss. J'occupe comme de juste la chambre « Miss France ». Sympa.

Dimanche 19 avril, 10 heures.

À mon réveil, j'ai la surprise, assez déplaisante, de me retrouver seule avec les propriétaires des lieux : Mme de Fontenay et les autres filles ont regagné Paris sans m'attendre sous prétexte que je dois me rendre directement à Lyon. Qu'est-ce que je vais bien pouvoir faire en attendant mon train ?

Je ne me pose pas la question très longtemps. Bernard Pichard, le délégué régional pour l'ouest de la France, m'invite à déjeuner chez lui après m'avoir fait visiter un petit château des environs qui abrite une famille de quatre enfants, quarante-cinq chiens, huit chevaux et une ribambelle de chats. Un seul sujet de conversation pourtant : « Alors, ça fait quoi d'être Miss France ? »

Je trouve que Bernard ne manque pas d'air : au dessert, il s'autorise une réflexion sur mon poids.

– Sophie, à côté des autres Miss avec qui vous défilez, vous paraissez un peu ronde. Il faudrait que vous perdiez deux kilos.

– Évidemment, vous m'entourez de mannequins anorexiques. C'est facile ensuite de me faire des reproches !

Après le déjeuner, je donne le coup d'envoi d'un tournoi de foot caritatif à Angers, en compagnie de Michel Platini, l'idole de mon père. Je lui demande un autographe.

– À qui je l'adresse ? me demande-t-il.

– C'est pour moi.

Et devinez ce qu'il écrit ? « Pour moi » et il signe ! Quel drôle d'humour...

Lundi 20 avril, 10 heures.

Je ne sais pas si c'est parce que je vais bientôt m'absenter pour trois semaines, mais mon agenda de représentations me semble bien chargé ces temps-ci. Aujourd'hui, par exemple, je ne vais pas arrêter une minute.

Journée M6. Une équipe de l'émission *Mister Bizz* me suit jusqu'à 20 heures pour un reportage sur vingt-quatre heures de la vie d'une Miss. On leur a donné mon programme détaillé, auquel je jette un coup d'œil.

11 heures : Séance de coiffure dans la chambre d'hôtel.

Midi : Sophie quitte l'hôtel pour aller dans les studios de Télé Lyon Métropole.

12 h 30 : Enregistrement de l'émission Plein Centre *sur TLM.*

13 h 30 : Déjeuner Chez Chris, restaurant tenu par Christine Sibelin, ancienne Miss Lyon et Miss France 65.

15 heures : Photos dans un magasin de robes de mariée à Lyon.

18 heures : Inauguration du salon Saint-Algue de L'Isle-d'Abeau.

20 heures.

Retour à l'hôtel. Avoir vu cette ancienne Miss France dans son restaurant me fait réfléchir à mon avenir. Il faut vraiment que je m'accroche pour obtenir une émission. Je ne veux pas me retrouver aux fourneaux !

Le téléphone sonne : François Christin. Christophe Dechavanne veut me proposer du travail ; il contactera

Xavier demain. En attendant, *motus*. Décidément, c'est une manie ces secrets !

Jeudi 23 avril, 10 h 30, Bar-le-Duc.

Je pars dans trois jours pour Hawaii et j'aimerais bien savoir ce qu'a donné l'entrevue de Xavier de Fontenay avec Réservoir Prod. On me fait parvenir une copie du projet de contrat établi entre les deux parties, et adressé à Xavier de Fontenay. Mon premier contrat pro ! Classé « confidentiel ». Je le lis mot à mot. Et plutôt deux fois qu'une.

Objet : Sophie Thalmann.

Suite à notre rencontre du 17 avril, concernant les projets que nous souhaiterions confier à Sophie Thalmann.

Projet :

Réservoir Prod projette de produire une émission hebdomadaire d'une durée de vingt-six minutes présentée par Sophie Thalmann. Cette émission sera un programme de services à destination du public possédant un animal domestique (essentiellement chiens et chats).

Réservoir Prod compte proposer ce programme à la chaîne France 2 pour une diffusion le samedi aux alentours de 18 heures.

Je me permets de te rappeler que tout cela est strictement confidentiel.

Planning :

À partir du 10 mai 1998, Réservoir Prod organisera cinq séances de training visant à vérifier le potentiel de Sophie Thalmann. À l'issue de ce training, Réservoir Prod décidera ou non de continuer ce projet.

Fin mai : si Réservoir Prod juge Sophie Thalmann apte à présenter une émission, Réservoir Prod tournera un pilote.

Juin-juillet : Réservoir Prod présentera le projet aux diffuseurs.

Début septembre : mise à l'antenne.

Rémunération :

En contrepartie de l'exclusivité de Sophie Thalmann, Réservoir Prod versera la somme de 10 000 francs bruts par mois, incluant les commissions du Comité Miss France, et couvrira la période allant de début juin à fin octobre 1998. La rémunération prévue par émission sera de 10 000 francs bruts incluant les commissions. Tarif révisable en fonction de la chaîne.

Conditions particulières :

Comme je te l'ai expliqué, Réservoir Prod fera apparaître une clause de non-concurrence en cas de rupture du fait de la présentatrice. Si le projet ne rencontre pas l'intérêt des diffuseurs, Réservoir Prod s'engagera à proposer d'autres projets à Sophie Thalmann.

Je souhaite vivement que cette proposition rencontre ton approbation.

Le directeur général.

OK, c'est du concret. Mais Jean-Luc se ficherait-il de moi ? Dix mille francs bruts par mois ! Pourquoi pas le SMIC, tant qu'il y est ? Avec une clause d'exclusivité, en plus. N'oublions pas que les Miss reversent le tiers de leurs gains au Comité.

Vendredi 24 avril, 9 h 30

Un magazine spécialisé sur le chocolat, *Impression Chocolat*, me demande de répondre à un questionnaire en vue de la rédaction d'un éditorial que je signerai.

Ce questionnaire m'oblige à me pencher sur mes petits problèmes de poids. Il est vrai que j'ai un peu grossi. Rien de catastrophique, mais je dois faire attention. Et je vais tester la nouvelle technique amincissante proposée par un salon de beauté de Bar-le-Duc.

Je me retrouve allongée sur une table, le corps enroulé dans de la Cellophane. Je crève de chaud. Ça dégouline de partout. Je perds deux kilos en deux heures. Efficace ! Seulement, avant de quitter l'institut, on me conseille de ne rien manger et de ne pas trop boire. Je comprends l'arnaque. On perd de l'eau... qu'on reprend dès le lendemain. Finalement, tout ce que j'ai perdu, ce sont les 2 000 francs investis dans ce soin « miracle ».

Dans deux jours, je m'envole pour le concours de Miss Univers. Et comme toutes les filles qui partent en voyage, que ce soit pour deux jours ou pour trois semaines, je me pose la grande question existentielle : que mettre dans ma valise ?

Un détail complique l'affaire : j'ai droit à deux valises. C'est la première fois que je m'absente si longtemps et je ne sais vraiment pas ce qu'une Miss France doit emporter. Connaissant la pauvreté de ma garde-robe, le choix sera vite fait !

Le fax se déclenche. C'est Mme de Fontenay. J'ai le sentiment que je vais avoir la réponse à mes petits soucis de nana : « Sophie, j'ai préparé votre deuxième valise. Ci-dessous la liste de ce qu'il y aura dedans. Florent vient de m'apporter la robe nationale. Elle est très belle et est aux mêmes mesures que celle en dentelle. Il n'y aura sûrement pas de problème... sinon vous vous mettrez nue avec trois fleurs tricolores !

« Comment fait-on pour dimanche [le jour du départ] ? Dans l'attente, je vous embrasse bien affectueusement. P-S : j'ai bien repassé l'ensemble saumon. Il en avait besoin ! Je vous remettrai dimanche 200 dollars (argent de poche) avec les billets d'avion. »

Je ne peux m'empêcher de vous livrer sa liste en détail :

– Robe argent/paillettes
– Robe nationale
– Robe dentelle or/chocolat
– Robe taffetas de soie imprimée
– Veste impression « façon Versace »
– Robe prairie verte [la robe pelouse !]
– Robe de cocktail ivoire
– Bustier dentelle bleu
– Bustier perlé
– Jupe blanche
– Paire de gants blancs
– Veste bariolée
– Paréo rose/vert
– Maillot rose/vert
– Veste imprimée or
– Maillot or
– Robe noir/blanc
– Une paire d'escarpins blancs
– Prévoir tenue pour répétition comme à Deauville
– Doliprane, vitamine C, quinocarbine (comprimés)

Voilà ce qui s'appelle une garde-robe ! Mais comment s'est-elle débrouillée pour tout faire rentrer dans une seule valise ? Elle oublie simplement que je voyage seule. Si je dois porter mes bagages, ça va être folklorique à l'aéroport !

19 heures.

Téléphone. C'est encore François. Il m'annonce, tout heureux, que Mme de Fontenay est tombée d'accord sur les termes du projet de contrat de Jean-Luc Delarue. Elle a refusé la proposition de France 3 pour l'été. Je hurle de joie ! Demain direction Hawaii. À nous deux Miss Univers !

BILAN DU MOIS D'AVRIL

– Nuits d'hôtel : 20

– Nuits à la maison : 10

– Passages télé : 7

– Représentations : 18

– Dédicaces : 2 500

– Kilomètres parcourus : 5 500 sans compter l'aller Paris-Hawaii (Miss Univers)

– Kilos perdus : 0. Enfin, 2 perdus à l'institut mais vite repris lors des repas suivants !

ALOHA !

Du dimanche 26 avril au mercredi 13 mai, Hawaii.

C'est sans grand enthousiasme que j'arrive à l'aéroport. Non pas que je regrette de participer au concours de beauté international le plus relevé qui soit, mais je n'ai simplement pas envie de m'y rendre seule, sans Geneviève, sans membre du Comité, sans amis ni parents, bref, sans soutien ni encouragement. Je vais me retrouver l'unique Française à défendre nos couleurs. Il faut dire que l'inscription coûte très cher (15 000 francs environ), et que le Comité n'a pas les moyens de dépêcher un accompagnateur sur place. Pas les moyens ? Dites plutôt qu'ils ne vont pas gâcher 15 000 francs pour une fille qui n'a aucune chance de gagner ! Je sais seulement qu'une autre francophone sera dans le même cas que moi, Sandrine Korman, Miss Belgique. J'espère qu'elle sera sympa, car nous devrons partager la même chambre pendant trois semaines.

Après une nuit de transit à Los Angeles, notre avion survole l'île d'Oahu, située dans l'archipel d'Hawaii. Mon coup de blues du départ s'est envolé. Hawaii, ses surfeurs, ses plages ensoleillées et aussi ses séries télé. Pourvu qu'on nous laisse le temps d'aller draguer un peu ces beaux apollons.

Les deux premières journées sont consacrées à l'accueil des Miss qui débarquent du monde entier. Quel bazar ! On nous remet aussi des « tenues de soirée », ensembles tee-shirt-casquette floqués aux noms des différents sponsors. Nous devrons porter cet attirail lors des *happenings*, comme ils disent là-bas, organisés par chaque marque. Ça va faire chic ! Bienvenue au pays du marketing !

Plus sympa : je récolte plein de cadeaux. Des chaussures, des baskets Adidas, un maillot de bain, une robe noire, un coffret de produits de beauté pour le soleil... et bien entendu, le programme... On ne va pas chômer !

Dès notre arrivée, les journalistes et le public n'ont d'yeux que pour Miss Amérique. Il faut dire que l'élection se déroule dans son pays et que la soirée est sponsorisée par le milliardaire américain Donald Trump. Si elle ne figure pas sur le podium, c'est qu'elle se débrouille vraiment mal ! Nous, en revanche, nous existons à peine.

Toutes les filles logent au Hilton Hawaiian Village, un quatre étoiles de 2 250 chambres. La mienne porte le matricule 3349 et la nuit y revient à 1 700 francs. L'établissement comprend un jardin tropical avec des lagons et des cascades, plus de dix restaurants, cinq bars, deux piscines, et une galerie marchande de soixante magasins. Une vraie prison dorée ! Je dis prison car le système de sécurité est draconien. Depuis que j'ai mis le pied dans l'hôtel, un garde du corps me suit pas à pas, même aux toilettes ! Interdiction de sortir et de nous déplacer seules. Pour renforcer cette surveillance de tous les instants, les filles sont placées par groupes de quatre ou cinq sous l'autorité d'un chaperon. Je me retrouve avec Miss Belgique, Miss Croatie et Miss Suisse sous la férule de Margaret, un petit bout de femme énergique de cinquante ans. Comme elle parle un peu le français, c'est elle qui nous guidera dans nos activités quotidiennes. En avant pour la première de celles-ci, un défilé – une parade même – dans les rues d'Honolulu à bord de voitures décapotables. Les Nord- et Sud-Américaines sont acclamées. Nous, les Européennes, nous sommes là pour faire de la figuration. Seuls les Japonais me photographient : ils adorent la France.

Je ne lâche pas mon caméscope car j'ai décidé de jouer les reporters et de filmer chaque moment insolite de mon séjour. Vu la manière dont ça débute, je sens que je vais user de la pellicule... Sandrine, Miss Belgique, se révèle super-sympa. À dix-huit ans, elle a déjà participé à l'élection de Miss Monde, un autre concours de beauté international. Je sens qu'on va franchement rigoler. D'autant qu'il y a matière à le faire !

Première découverte insolite : la nourriture. On me sert le déjeuner dans une boîte en carton, style McDo. À l'intérieur, rien que des bonnes choses : des chips, une salade de pâtes froides, un hamburger, des cookies, des bonbons M and M's, des barres de céréales et des fruits. Pas de pain ni de légumes. Idéal pour le régime ! Si c'est comme ça tous les jours, je ne rentrerai plus dans ma robe le soir de l'élection. À moins que je ne me sois trompée et que l'on m'ait inscrite pour « Miss Boudin » ! Je déteste cette nourriture, mais il faut bien la manger : nous n'avons pas le choix.

Le soir-même, par fax, je fais part de mes inquiétudes à Geneviève de Fontenay. Si elle ne veut pas me retrouver avec dix kilos de plus, il va falloir qu'elle se manifeste ! Dès le deuxième jour, les organisateurs me font la tête car un fax incendiaire leur a intimé l'ordre de me nourrir convenablement. Désormais tout le monde sait qui est Miss France... N'empêche qu'on me sert un somptueux petit déjeuner : fruits en tous genres, yaourts, céréales, jus de fruits, œufs brouillés, bacon, riz, pancakes, et du pain ! Finalement, les caprices de Geneviève ont du bon... quand je ne suis pas leur cible.

La première semaine est assez décontractée. Nous collectionnons les petits cadeaux et partageons notre temps entre séances photo, conférences (dont une, très technique, sur l'entretien de nos cheveux), parades et défilés en public, et sorties le soir avec nos casquettes, tee-shirts et écharpes par dessus. J'ai droit à une soirée tahitienne avec colliers de fleurs, une soirée cow-boy, un dîner au Planet Hollywood, et j'en passe.

Avec Sandrine, nous filmons tout... et essayons de repérer les beaux mecs, beaucoup moins nombreux que je ne l'espérais. Ce n'est pas encore ici que je rencontrerai l'homme de ma vie ! Le seul vrai beau garçon est notre chorégraphe, Scott. Il ressemble à un top-model. Mais il faut croire que les Américains ont vraiment tout prévu pour ne courir aucun risque : il est homosexuel !

Chacune de nos sorties constitue un événement. Nous ne nous déplaçons qu'en car, escortées par des motards toutes sirènes hurlantes. Nous sommes sûres de ne pas passer inaperçues ! L'organisation est à l'américaine : professionnelle. Il n'y a jamais de retard, on ne nous lâche pas dans la nature pour des séances de dédicaces, et les tenues nécessaires pour la journée ou la soirée sont chaque jour déposées sur nos lits. En revanche, lors de l'appel quotidien des Miss, c'est comme lors du stage de préparation à Saint-Martin : on ne se soucie pas toujours de ma présence ! Un incident qui ne se produirait jamais avec Miss Amérique, Miss Venezuela ou toute autre ressortissante du continent américain, les véritables vedettes du moment. Pour elles, la compétition a commencé dès leur arrivée sur l'île. C'est à qui sourira le plus aux journalistes, se trémoussera le plus lors des soirées, fera le plus de bruit en riant pour se faire repérer ou portera la plus belle robe.

La plupart de ces filles n'ont rien dans le crâne, ou plutôt une seule idée en tête : devenir Miss Univers ! Pour arriver à leurs fins, tous les moyens sont bons... et autorisés par le règlement. À commencer par la chirurgie esthétique. Ainsi, toutes les non-Européennes sont refaites de la tête aux pieds. Nez, paupières, joues, dents, menton, seins, cuisses : chacune des favorites a remodelé une partie de son corps. Sans oublier les faux cils, les faux ongles, les lentilles de couleur ou les cheveux postiches. Les concurrentes passent leur temps à se maquiller, à se coiffer, à se remaquiller, à se recoiffer, à s'inspecter devant chaque miroir qu'elles croisent, à s'épier aussi, à s'espionner et à se photographier entre elles. Quelle ambiance ! Sandrine et moi nous tordons de rire devant ce manège. Ils ne vont pas le croire chez moi si je ne filme pas.

Pour être belles, elles sont belles, ces poupées siliconées ! La devise du séjour devrait être : chassez le naturel, il ne reviendra pas au galop. J'ai l'impression de participer à un grand numéro de cirque de la beauté. C'est pire qu'au

Festival de Cannes. Mais ici, au moins, les badauds sont disciplinés.

Je passe chacune de mes soirées à faxer mes impressions à Fernand Doyen, le journaliste de *L'Est Républicain* qui suit mes péripéties depuis mon sacre de Miss Lorraine et qui publie mes chroniques au jour le jour. Le journal a même lancé un appel à ses lecteurs : « Encourageons Sophie ! », et indiqué le numéro de fax de l'hôtel. Ce qu'il ne fallait pas faire ! Je reçois des kilos de fax de mes copines, de mes parents, mais aussi d'inconnus. Un boulanger, outré que je sois mal nourrie, m'a même envoyé des madeleines à l'hôtel. Les organisateurs n'en reviennent pas. Ils se demandent pourquoi une fille qui, de toute façon, n'a aucune chance de gagner reçoit tant de fax. Ils doivent bien rigoler en France lorsqu'ils lisent mes aventures. Qu'ils se rassurent, je m'amuse aussi, et je n'ai pas la pression.

Deuxième semaine : les choses sérieuses commencent. Place aux répétitions du show. Désormais l'emploi du temps sera militaire. Lever entre 6 et 7 heures tous les matins. Et à 9 heures, rassemblement dans la salle de gymnastique de l'hôtel pour une séance de réveil musculaire tonique. Enfin ! J'attendais ce moment avec impatience : j'adore la gym et depuis mon élection, je n'ai plus le temps d'en faire. Ça va me permettre d'éliminer les deux kilos pris lors de cette première semaine hawaiienne !

Avec Sandrine, nous nous relayons pour filmer ces séances sportives matinales qui valent vraiment le coup d'œil. En rang d'oignons devant les grands miroirs de la salle de danse, Miss Venezuela, Miss Porto Rico, Miss Trinidad et Tobago, Miss Amérique, et d'autres Miss tout droit sorties de l'école vénézuélienne de Caracas qui prépare les filles à ce concours, scrutent leurs moindres gestes. Comme ces gens qui dansent en discothèque en s'admirant dans les miroirs placés sur la piste. Chacune peaufine son regard le plus aguicheur, son sourire le plus charmeur, ses attitudes les plus sexy... Et leurs tenues : je n'ai jamais rien vu de tel. Les filles les plus proches du miroir répètent en talons aiguilles. Certaines arborent déjà maquillage, lunettes noires, robes, et même des bigoudis dans les cheveux... Elles ont dû se lever à 4 heures du matin pour se préparer. N'importe quoi !

À l'opposé, c'est-à-dire au fond de la salle, il y a les cancres, celles qui font vraiment de la gymnastique et qui aiment la danse. J'en fais partie, avec les Miss venues d'Asie et les autres Européennes. Nous avons bien compris que nous ne sommes là que pour boucher les trous sur la scène ! Nous sommes loin de l'année 1953 où la Française Christiane Martel remporta la couronne de Miss Univers. La première et la seule Française à avoir réussi cet exploit. Autant mettre à profit ces semi-vacances pour perdre mes kilos superflus... et rire de bon cœur avec Sandrine de nos consœurs acharnées de la séduction.

Cet échauffement martelé par les musiques qui rythmeront nos passages le soir achevé, nous nous dispersons en petits groupes. Les unes vont répéter sur la plage, au bord de la piscine, en salle ou sur les lieux mêmes de la cérémonie pour régler les caméras, d'autres enregistrent déjà leur petit clip de présentation en maillot de bain. D'autres enfin profitent de deux heures de liberté pour aller se faire bronzer, sillonner l'hôtel avec leurs agents pour distribuer des photos dédicacées, ou se faire photographier par la presse et les touristes. Tout l'hôtel est réquisitionné pour cette véritable foire aux Miss.

Quand il n'y a pas de soirée prévue, les répétitions se prolongent jusqu'à 23 heures. Et les festivités sont beaucoup moins nombreuses que durant la première semaine. À peine deux ou trois sorties. Il faut préciser que le spectacle que nous devons assurer le 12 mai prochain à l'University of Hawaii Special Events Arena d'Honolulu est un vrai show à l'américaine. Rien à voir avec les chorégraphies simplistes du concours Miss France. Ainsi, nous devons répéter un tableau très tonique, explosif même, avec des boys hawaiiens tout en muscles. Il faut vraiment de bonnes qualités de danseuse pour participer. Ajoutons que l'événement sera retransmis en direct sur CBS devant plusieurs centaines de millions de téléspectateurs à travers le monde. Une couverture digne des plus grands événements sportifs internationaux. Autant dire que les deux semaines de préparation ne sont pas de trop. L'honneur de la France repose sur mes épaules...

Le temps passe, le grand jour approche et les pronostics vont bon train. C'est le grand jeu des Américains. Pour ma part, je verrais bien Joyce, Miss Porto Rico, dans le trio de tête. Elle est superbe, belle comme un cœur, avec des jambes vertigineuses, et n'arrête pas de se distinguer dès qu'elle le peut : elle chante, danse avec les hôtes des soirées, passe derrière les fourneaux pour aider en cuisine et signe même déjà ses photos d'un insolent « Miss Univers 98 ». La totale ! À côté d'elle sur le podium, j'imagine bien Miss Amérique, parce qu'elle est chez elle, et Miss Venezuela, parce qu'elle semble née pour participer à ce genre de compétition. Mes outsiders : Miss Suisse, une très belle brune aux yeux bleus plus bronzée que moi, et Miss Mexique. Les autres aussi sont toutes belles... sauf Miss Italie, dont le physique me déçoit un peu. Imaginez la pression qui règne entre les participantes.

Jeudi 7 mai.

C'est mon anniversaire. L'organisation de Miss Univers a pensé à placer une petite bougie sur un gâteau. Je fête mes vingt-deux ans en compagnie de Miss Japon et de Miss Hong Kong, qui m'offrent une peluche, d'Asuman, Miss Turquie, une fille rigolote et délurée, de Miss Suisse, et de Sandrine. Mais je me sens bien seule, loin de Bar-le-Duc. Deux kilos de fax sont arrivés aujourd'hui pour célébrer l'événement ; je n'ai malheureusement pas le temps d'y répondre. J'ai passé un accord avec *L'Est Républicain*, qui publiera une lettre de remerciements générale à la fin de mon séjour.

Il ne reste plus que quelques jours avant l'élection. C'est la dernière ligne droite. Le programme reste inchangé : répétitions, répétitions et encore répétitions.

Avec Sandrine nous continuons à accumuler gaffes et éclats de rire. C'est que notre anglais n'est pas au top et que donc, parfois, nous ne comprenons pas tout. Ainsi, lorsque lors d'un dîner de gala chez le gouverneur de l'île, tout le monde s'est levé au début du repas, tête inclinée vers l'avant, nous n'avons pas compris qu'ils se disposaient à réciter le bénédicité et nous avons continué à discuter comme si de rien n'était. Et quand nous avons pris conscience de notre méprise, nous avons aggravé notre cas en piquant un fou rire ! Heureusement, les Hawaïiens ne nous en ont pas voulu.

À trois jours de l'élection, les filles rivalisent d'imagination pour se faire remarquer : robes moulantes lamées, chapeaux affolants. Il faut préciser qu'aujourd'hui nous passons devant le grand jury chargé d'opérer la présélection des dix dernières filles qui resteront en lice pour le titre. C'est le même principe que pour Miss France, sauf que là tout se déroule en anglais... et devant 10 000 personnes ! Lorsque je me suis présentée, personne ne m'a applaudie. Pour Miss Amérique, c'était du délire. À la fin, le jury m'a demandé :

– Si jamais vous devenez Miss Univers, que ferez-vous de tout le pouvoir conféré par ce titre ?

– Rien. Car il est impossible que je sois élue !

Ils m'ont conseillé de ne surtout pas répondre ça lors de la soirée.

– Soyez positive ! Il faut bien une première fois !

L'examen s'est semble-t-il bien passé. Et si je figurais parmi les dix ? Il faudra quand même bien qu'ils choisissent une Européenne ou deux pour que l'élection ne paraisse pas trop bidon !

Cette présélection est également l'occasion pour un jury parallèle et non officiel de commencer à décerner des prix fantaisistes : Miss Yougoslavie est la plus photogénique, Miss Brésil remporte le prix du plus beau costume national devant Miss Mexique et Miss Pérou (il faut dire que ma robe longue bleu-blanc-rouge ne peut rivaliser avec les véritables tenues de scène des autres concurrentes... le comité Miss France devra revoir sa copie). Évidemment, rien pour Sandrine et moi ! Le moral baisse. Nous avons envie de rentrer à la maison.

Le même jour, dans l'après-midi, le milliardaire Donald Trump, organisateur de l'élection, vient nous rendre visite. Je n'ai jamais vu une débauche de bijoux, de beauté et de robes de soirée comme celle que mes concurrentes déploient pour épater ce monsieur. Je côtoie vraiment les plus belles filles du monde. En passant à côté de moi, le milliardaire me salue d'un « Bonjour France » et me souhaite bonne chance. Déception dans les rangs : je ne me fais pas des amies, sur ce coup-là !

Il ne nous reste plus qu'à essayer nos robes du soir, à répéter une dernière fois sur les lieux de l'élection, puis à attendre le début de la cérémonie au bord de la piscine. J'en profite pour faire quelques courses dans la galerie marchande de l'hôtel. Il me faut notamment acheter deux sacs de voyage pour ramener les cadeaux offerts depuis le début du concours et surtout les sept kilos de fax reçus de France.

Mardi 12 mai.

C'est le grand jour. L'heure des premiers bilans aussi. Quel que soit le résultat de ce soir, cette élection demeurera pour moi une expérience unique. Il n'est pas donné à tout le monde de faire partie – même l'espace de trois semaines – des quatre-vingts plus belles filles du monde !

J'ai beau n'avoir aucun espoir, je serai sûrement un peu déçue de ne pas figurer dans les dix dernières sélectionnées. Parce que je suis ici pour défendre la France. C'est que je suis très patriote, moi ! Un état d'esprit qui me vient certainement de mon origine lorraine, une région durement touchée par les guerres puis par les crises économiques et que j'ai toujours été fière de soutenir.

D'un autre côté, toute gloriole mise à part, je ne crois pas que j'aimerais beaucoup devenir Miss Univers. Car si j'étais élue, plus question de rentrer en France ! Je devrais même renoncer à mon titre de Miss France. Eh oui, la Miss Univers n'appartient plus à son comité national, mais à celui de Miss Univers. Et je ne me vois pas passer mon temps à voyager de représentation en représentation à travers le monde, sans jamais parler français. Déjà, j'estime que mes obligations de Miss France m'éloignent trop souvent de mes proches... Alors ne les voir qu'une fois tous les deux mois ne me conviendrait pas du tout.

La soirée commence. Les quatre-vingts concurrentes font leur apparition... et leur numéro de charme. Un spectacle de grande qualité animé par Jack Wagner, l'un des héros de la série *Melrose Place* (celui qui joue le rôle du Dr. Peter Burns, me précise Sandrine, qui raffole de ce feuilleton). Nous voilà plongées dans la démesure à l'américaine. Dans le jury figurent les acteurs Antonio Banderas et Richard Chamberlain (*Les oiseaux se cachent pour mourir*), le champion du monde de patin à glace, le Canadien Elvis Stojko, ainsi que d'autres acteurs et actrices moins connus, des journalistes et d'anciennes Miss Univers.

La liste des dix finalistes est proclamée ; comme prévu, je n'y figure pas. Seules Miss Irlande et Miss Russie défendent les couleurs du Vieux Monde. Elles n'iront pas plus loin. Le titre de Miss Univers 98 revient en définitive à Wendy, Miss Trinidad et Tobago, qui supplante ses concurrentes plus tapageuses pourtant données gagnantes. Bravo.

Je suis déçue mais heureuse que toute cette mascarade se termine enfin. De retour à l'hôtel, au petit matin, je téléphone à mes parents pour leur annoncer le résultat. Il faut aussi que j'envoie un petit mot à Geneviève de Fontenay que j'imagine en train d'attendre devant son fax.

« Ma chère madame de Fontenay, je n'ai pas osé vous téléphoner pour vous annoncer la mauvaise nouvelle. Ma mère n'a déjà pas dormi de la nuit et je pense que vous avez dû penser très fort à moi. En tout cas mon cœur battait à tout rompre pour vous et pour la France. Je crois que tout le monde a été surpris que je ne sois pas sélectionnée dans les dix finalistes, au regard des comptes rendus qu'on a pu faire après. Je me réjouis d'avoir pu défendre les couleurs de mon beau pays, mais je sais que cela relevait du rêve et de la gageure : comme par hasard, aucune Européenne et aucune Asiatique ne figurait parmi les cinq premières. Je suis épuisée par ces journées de répétition et le manque de sommeil. J'ai hâte de retrouver les vrais gens. Je vous embrasse bien fort. »

Allez, dodo ! Je prends l'avion dans six heures pour un marathon aérien de vingt-quatre heures qui va me laisser sur les genoux. Je n'ai qu'une envie : faire une vraie longue pause. Je ne sais pas si cela sera possible car j'ai toujours le rôle de Miss France à jouer. J'espère que Mme de Fontenay me ménagera – je l'ai déjà prévenue que je n'assisterais pas à l'élection de Miss Lyon, prévue le 16 mai, deux jours seulement après mon retour en France. Enfin, je croyais m'être montrée claire sur ce point...

TV OR NOT TV ?

Samedi 16 mai, 9 heures, Bar-le-Duc.

Drame autour de l'élection de Miss Lyon : depuis deux jours, les organisateurs de la soirée me harcèlent pour que j'honore celle-ci de ma présence. Et voilà que Geneviève en fait une affaire de principe. Elle s'est même déplacée à l'aéroport à mon retour des États-Unis, non pas pour m'accueillir mais pour évaluer mon état de santé et de fatigue. Un peu comme on vérifie l'état du bétail avant de le vendre !

– Je vous trouve en meilleure forme que je ne l'escomptais ! s'exclame-t-elle dès qu'elle m'aperçoit.

Seulement, en deux jours, la différence de température avec Hawaii m'a rendue malade et j'ai passé la journée d'hier clouée au lit. En plus, mon organisme se débat encore avec les douze heures de décalage horaire. J'ai beau brandir un certificat médical, Geneviève ne veut rien entendre. De guerre lasse, je finis par céder :

– D'accord, j'irai, mais uniquement si vous prévoyez un chauffeur pour me ramener chez moi directement après l'élection.

J'obtiens gain de cause. Je partirai donc pour Lyon cet après-midi : 440 kilomètres de route.

Ma mère m'accompagne pour s'assurer que je rentre directement après le gala. Quel gala ! Malade et fatiguée, j'ai failli perdre connaissance sur scène. J'ai aussi appris que l'an dernier, Patricia Spéhar, Miss France 97, avait subi le même traitement que moi à son retour de l'élection de Miss Univers. On l'avait elle aussi contrainte à venir ici, mais elle, elle s'était évanouie. Je regrette seulement de n'avoir pu profiter de l'occasion pour revoir Séverine, Miss Lyon, ma compagne de chambre de Saint-Martin.

Ce n'est qu'à 6 heures du matin que je regagne mon domicile. Re-440 kilomètres de route ! Demain je dors toute la journée. Et je débranche le fax et le téléphone.

Lundi 18 mai, 10 heures.

Le Comité Miss France n'a pas apprécié ma rébellion du week-end et m'a bien fait comprendre qu'un contrat se respecte. En clair, si je refuse une manifestation imposée, cela vaut rupture de contrat. Et dans ce cas, adieu couronne, titre et cadeaux. Ma première dauphine récupérerait ma gloire, mes bijoux et ma voiture (que je n'ai toujours pas reçue à ce jour). Je connais la règle du jeu, mais elle se révèle parfois difficile à respecter. Heureusement, le programme des jours prochains se déroulera dans la région. Pas trop de kilomètres à avaler. Cet après-midi, je vais à Metz pour des dédicaces et demain, je serai à Nancy.

Mardi 19 mai, 10 heures.

Ma mère et ma tante m'accompagnent à Nancy pour un après-midi de shopping. Le matin, je fais une séance photo dans un salon de coiffure Saint-Algue, ensuite une interview sur Radio France Lorraine, puis une émission en direct sur France 3 Lorraine, afin de raconter mon aventure hawaiienne. Je sens que je n'ai pas fini d'entendre parler de Miss Univers, d'autant qu'une chaîne française s'apprête à diffuser son élection.

18 heures.

Jean-Luc Delarue me donne de ses nouvelles. Enfin ! Le pilote d'émission animalière est toujours d'actualité et nous en parlerons sérieusement le mardi 26 mai dans ses locaux. Ça se précise, dirait-on. Et si on signait le contrat ce jour-là ? Ce serait génial !

Mercredi 20 mai, 11 h 30.

Une fois n'est pas coutume, Xavier de Fontenay m'a téléphoné pour m'annoncer une bonne nouvelle : il a rencontré Christophe Dechavanne, qui souhaiterait me confier l'animation d'une émission en *prime time*, à 20 h 50, en projet pour TF1. La méga-proposition ! Cela dit, il juge le projet de Delarue plus fiable et réaliste.

Il ne peut cependant s'empêcher de me faire la morale :

– Sophie, arrêtez de vous plaindre et de dire à la presse que vous êtes fatiguée et que vous manquez de confiance en vous. À force de le répéter, les professionnels risquent de ne plus vouloir de vous.

Sans doute a-t-il en partie raison, mais on ne peut forcer sa nature que jusqu'à un certain point.

Comme j'ai déclaré à l'AFP que l'élection de Miss Univers était truquée, une nuée de journalistes débarque à la maison. Toute la presse veut des détails. Je réponds aux envoyés de TF1 pour le JT de Jean-Pierre Pernaut, à ceux de *VSD* et de *L'Est Républicain* et à bien d'autres encore. J'aurais peut-être dû tenir ma langue... Trop tard !

Samedi 23 mai, 10 heures.

Qui de Xavier, de Geneviève ou de Jean-Luc a vendu la mèche ? Ce matin, des échos de la presse télé et people m'annoncent avec certitude comme la future animatrice d'une émission animalière sur M6. Intéressant ; nul n'avait jugé utile de me signaler l'intérêt de cette chaîne pour ce projet. Je commence à en avoir assez d'être toujours la dernière informée (quand je le suis).

Mme de Fontenay m'attend pour partir au gala d'élection de Miss Manche, qui va entériner l'introduction de rythmes plus gais et plus dansants comme la *Macareña* au programme de nos spectacles. Mais toujours rien à faire pour imposer à Geneviève ma chanson favorite, *Belle*, interprétée par la troupe de *Notre-Dame de Paris*. Elle n'apprécie pas la voix du chanteur. Que répondre à cela ?

Lundi 25 mai.

– Bonne fête Sophie !

La phrase que j'entendrai le plus dans la journée. Que

je lirai aussi. Mme de Fontenay me transmet ses vœux par fax et en profite pour relancer une affaire que je croyais morte et enterrée : « Avez-vous étudié les propositions de France 3 pour *C'est l'été*, au mois d'août ? Qu'en pensez-vous ? Voudriez-vous rencontrer les responsables pour en discuter ? Cette proposition bien réelle n'exclut pas pour vous de donner suite au projet Delarue. Affectueusement. »

Cette formulation m'inquiète un peu. Le projet Delarue prendrait-il l'eau ? Personne ne me l'a dit, en tout cas. Je commence à saisir la complexité du milieu de l'audiovisuel, tout de manœuvres, d'intox, de surenchères, de tractations secrètes, de rumeurs, d'espoirs et de fausses joies. Tant qu'on n'a rien signé, on n'est sûr de rien.

Mardi 26 mai, 11 heures.

Je revois Jean-Luc, qui a beaucoup aimé ma prestation dans *La télé s'amuse*. C'est qu'il suit mes apparitions télé, mine de rien ! C'est alors que Florian Gazan, son ami et homme de confiance, entre dans le bureau avec le conducteur de ma future émission dans les mains. Un véritable trésor à mes yeux... Si l'émission se fait, j'encadrerai ce document qui décrit dans ses moindres détails, minute par minute, tout le déroulement du pilote avec les textes que j'aurai à lire sur un prompteur, les interventions des chroniqueurs spécialisés et même celles du public ! Une émission taillée sur mesure pour une débutante. « Y a plus qu'à », comme on dit. Si tout va bien on tournera le pilote en juin, autrement dit dans moins d'un mois. Je suis excitée comme une puce.

Vendredi 29 mai, 10 heures.

Me voilà chez Mickey. Pas pour m'amuser, mais pour la bonne cause : une conférence de presse au profit de l'association « Nez Rouge ». Je suis entourée d'enfants atteints de maladies génétiques, si courageux, et j'ai souvent du mal à retenir mes larmes.

Samedi 30 mai, 11 heures.

Dans une demi-heure, je vais remettre les prix d'un concours de dressage à l'écurie Jean d'Heurs de Bar-le-Duc, devant les caméras de *52 sur la Une* qui poursuivent leur documentaire. Cela me donnera l'occasion de rendre visite à mon cher Auteuil. À en juger par la joie énergique qu'il manifeste à mon arrivée, il ne m'a pas oubliée, en dépit de mes infidélités de ces derniers mois.

Cette petite cérémonie achevée, je gagne la place Exelmans, dans le centre de Bar-le-Duc, où se tient la traditionnelle fête foraine de Pentecôte. J'ai promis au maire de venir inaugurer la manifestation et couper le ruban. Là aussi, on m'attend de pied ferme, surtout la petite Mégane, quatre ans, une fan inconditionnelle.

Pour faire plaisir aux enfants, très nombreux, et aux journalistes, j'accepte de poser pour les photos sur une moto du manège voisin. Le manège se met à tourner ; c'est parti pour trois tours de piste ! Pour me remercier de ma coopération, la propriétaire m'offre un superbe manège de chevaux en miniature.

BILAN DU MOIS DE MAI

– Nuits d'hôtel (y compris pour Miss Univers) : 17
– Nuits à la maison : 14
– Passages télé : 4
– Représentations : 10
– Dédicaces : 1 000
– Kilomètres parcourus : 3 300, sans compter le vol retour Hawaii-Paris
– Kilos pris : 2 à Hawaii. En passe d'être perdus !

Lundi 1er juin, 11 heures.

L'été arrive. Il fait un temps magnifique. Heureusement car je suis perchée, tout sourire, robe légère et écharpe en bandoulière, sur un char qui défile dans les rues de Cazères, près de Toulouse. Pas un char de combat évidemment, un char fleuri, le premier d'une parade destinée à célébrer la fête des Fleurs du village. Quand j'étais petite, certains villages voisins de Bar-le-Duc organisaient ce type de défilé, mais je n'y avais encore jamais pris part. Voilà qu'à vingt-deux ans, grâce à mon titre de Miss France, je rattrape le temps perdu !

Tout le village est dans la rue pour applaudir les chars et l'attraction de l'année, c'est-à-dire moi dans mon écrin d'œillets. La joie de tous ces gens fait plaisir à voir. Et soudain je comprends pourquoi on veut toujours me toucher, me faire la bise, me photographier et me parler. Je suis l'un des rares visages du petit écran qui restent accessibles au public. Une Miss France n'a rien d'une simple image de rêve sur papier glacé. En plus, je viens à eux dans leur ville ou dans leur village. Et avec moi, c'est le show-biz tout entier qui se rapproche d'eux. Me parler, c'est déjà se frotter à la célébrité. Si, quand j'étais adolescente, Jean-Luc Delarue, Luc Besson ou Jean-Jacques Goldman étaient venus à Bar-le-Duc en représentation, je me serais moi aussi précipitée dans la rue pour tenter de les apercevoir « pour de vrai ».

Mardi 2 juin, 14 heures.

Je repars de Toulouse en avion avec une vache en chocolat – les organisateurs n'auraient pu trouver de plus beau cadeau. Ce soir, je vais à Troyes pour le gala d'élection de Miss Aube. Mme de Fontenay m'attend à Paris. Pas de chance, une grève des transports aériens me fait débarquer à Orly à 16 h 20 et ma valise s'est perdue en cours de route. La panique car le show commence à 21 heures. Ça va faire juste. Quant à Mme de Fontenay, elle a préféré m'attendre aux Invalides ! Direction la navette – ça, je connais – qui me dépose aux Invalides à 18 heures. J'ai à peine le temps de m'installer dans la 806 que nous voilà parties sur les chapeaux de roue. Et nous arrivons à 20 heures, dans les temps. Chapeau, Geneviève ! Mes parents, venus en voisins, commençaient à s'inquiéter. C'est que 2 000 personnes s'impatientent dans la salle.

Je ne sais pas si c'est le stress du voyage, mais je trouve l'ambiance entre les filles tendue ce soir. Séverine, Miss Top Model of the World, qui est pourtant devenue une bonne copine, m'accuse d'avoir fait un trou à sa robe et s'en plaint à Geneviève, alors que je n'y suis pour rien ! Heureusement, la soirée remporte un succès colossal et le public nous ovationne.

Mercredi 3 juin, 15 heures.

J'aurais peut-être dû rentrer à Paris avec Mme de Fontenay, car je viens de rater mon train, ce qui me vaudra d'arriver in extremis pour l'enregistrement de la dernière de l'émission de Nagui *Une Soirée d'enfer*. Je me retrouve en compagnie de C. Jérome, d'Étienne Daho et de Sonia Dubois. Succès mitigé : je trouve les jeux de Nagui trop compliqués, je n'ai pas grand-chose à dire et je me sens mal à l'aise.

J'avais promis à mon frère de demander un autographe pour lui à Étienne Daho, mais toute Miss France que je suis, je ne me sens pas assez célèbre pour réclamer une faveur aux personnalités que je côtoie. Devant elles, je redeviens une jeune fille provinciale et timide. Il n'y a que six mois que je suis sortie de l'anonymat. Et encore, je suis connue du public, pas des stars ! Les gens du spectacle ne savent pas ce que cela représente d'être Miss France ; ils n'imaginent pas notre travail et ignorent que nous nous produisons sur scène lors de galas. Ils ne soupçonnent même pas que l'on puisse avoir des talents artistiques. Une Miss doit sans cesse se justifier et prouver aux autres qu'elle n'est pas qu'un prix de beauté. C'est parfois vexant. Et ma timidité naturelle ne m'aide pas !

Vendredi 5 juin, 14 h 15.

Vous connaissez le déjeuner qui tue ? Celui qui vous laisse deux kilos de plus lorsque vous sortez de table ? Je suis en train de le vivre, aujourd'hui, à Épernay, où nous sommes reçus par les champagnes Raoul Collet, sponsor de Miss France. Trois entrées, dont un pâté en croûte, viande, poisson, fromage et dessert ! Et cette fois impossible de ruser, je suis entourée de deux cents bons vivants, qui apprécient autant la bouffe que le bon vin. Nous sortons de table à 17 h 30. Trois heures à se gaver. Ma mère n'en peut plus et moi, à ce rythme, je ne tarderai pas à virer rondouillarde !

Pour la soirée, Mme de Fontenay a fait très fort en me réservant une chambre à l'hôtel Campanile avec vue imprenable sur la zone industrielle. Au cas où, je commande un yaourt. Mal m'en prend : je vois arriver une femme de chambre flanquée du cuisinier de l'hôtel, qui s'incrustent tous deux dans ma chambre. Demande d'autographe, discussion, classique jusque-là ! Mais si la femme de chambre repart assez vite, le cuisinier, lui, appatient à la variété pot-de-colle. Il me drague même avec insistance. S'il me saute dessus, je fais quoi moi, toute seule ici ? Ça se gâte quand il se met en tête de me faire la bise en signe d'amitié. J'arrive tout de même à m'en sortir dignement.

Samedi 6 juin, 9 heures.

Je ne dors pas de la nuit, tant je redoute que mon cuisinier éconduit de justesse ne se faufile dans ma chambre à l'aide d'un passe et je n'ose même pas commander mon petit déjeuner. Trop peur qu'il ne vienne me l'apporter en personne. Dans le doute, je pars pour Chelles, en région parisienne, le ventre vide. J'ai rendez-vous pour l'inauguration d'un nouveau salon Saint-Algue. Ma mission : signer des autographes et offrir des fleurs à toutes les clientes. Car demain c'est la fête des Mères.

20 heures.

Retour à Bar-le-Duc, mais pas encore à la maison. Dans la série « je fais plaisir aux autres », j'ai promis de passer à la fête d'anniversaire de M. Pancher, le maire de la ville. Effet garanti ! Je file ensuite – c'est aussi une surprise – au gala de danse qu'organise Patricia, ma prof de valse du mois de janvier. J'ai pris le temps d'envoyer un bouquet de fleurs à Mme de Fontenay. Un petit mot faxé à la maison me dit qu'elle en a eu les larmes aux yeux.

Dimanche 7 juin, 10 heures.

Après l'affaire « Miss Univers-Miss Lyon », en voici une autre qui se profile à l'horizon : l'affaire « Tahiti ». Le journal *Gala* vient de proposer au Comité une idée de reportage séduisante : « Miss France en vacances à Tahiti ». Tahiti, le rêve ! OK, cent fois OK pour donner suite à cette invitation. Et comme une femme avertie en vaut deux, je commence aussi à réfléchir aux conditions que j'imposerai si ce reportage voit le jour. C'est que je n'ai pas envie de retrouver à l'aéroport la famille de Fontenay au grand complet avec ses valises.

15 h 30.

Geneviève me faxe une note de Réservoir Prod : « Je vous confirme notre souhait de faire des essais avec Sophie, les 9 juin (environ deux heures), 10 juin (environ trois heures), 16 juin (trois heures) et éventuellement un pilote le 17 juin. »

Coup d'œil rapide sur mon planning. Le 9 et le 10, pas de problème. Les 16 et 17, en revanche, ce ne sera pas possible car je participerai à *Fort Boyard.* Espérons que deux jours d'essais me suffiront pour montrer de quoi je suis capable. C'est que j'aimerais bien le signer, ce contrat !

Mercredi 10 juin, 10 heures.

RMC, le *Journal du Dimanche*, *Sans aucun doute*, sur TF1... J'ai passé ces deux derniers jours à faire la promotion de l'association « Nez Rouge »... alors que je devrais être en pleine répétition du pilote de Delarue. Malheureusement, hier comme aujourd'hui, nous n'avons pas pu faire les essais prévus. D'après Jean-Luc, les plateaux réservés ne sont plus disponibles. J'apprends dans la foulée qu'Étienne Mougeotte, le numéro 2 de TF1, a vu Delarue. D'après ce dernier, j'intéresserais TF1, mais la chaîne n'est pas emballée par notre projet d'émission animalière. Ils ont déjà *30 Millions d'amis* depuis plus de vingt ans ! Ce n'est pas maintenant qu'ils vont changer. Mon rêve a bien du mal à prendre de l'élan. Mais j'y crois toujours.

Je profite d'un bel après-midi pour effectuer une séance photo avec les journalistes du magazine *Cheval Star.* Cela m'aère l'esprit. Je rêve de posséder mon propre cheval, de le monter chaque jour, de progresser avec lui. L'homme qui voudra m'aimer devra partager mon goût pour la race chevaline !

Les chevaux, c'est une vraie passion, pas un passe-temps de petite fille riche. Il y a deux jours, je réfléchissais à mon avenir professionnel. Je me disais que si je ne trouvais pas de boulot après cette année hors normes, je partirais à l'étranger, aux États-Unis, monter un ranch touristique et proposer des randonnées à cheval. C'est là mon vrai rêve. Et je serai d'autant plus motivée qu'il me paraît impossible de reprendre une vie normale d'étudiante. Je vis un tel décalage aujourd'hui !

Vendredi 12 juin, 15 heures.

D'abord, une petite séance de gym en chambre : mes petites camarades de tournée qui vivent au quotidien mon combat contre ces satanés kilos superflus font preuve d'une solidarité réconfortante. Après quoi nous descendons nous prélasser dans les bains à remous du complexe hôtelier de thalassothérapie de Dax. Ce soir, gala d'élection de Miss Gascogne.

Je devrais nager dans la béatitude, mais il n'en est rien. Hier, mon petit chat noir Homère avait disparu et mes parents viennent de m'apprendre qu'il s'est fait écraser ce matin devant l'école de Bar-le-Duc. J'en ai pleuré. Mme de Fontenay, qui a elle aussi perdu son chat en début d'année, m'a réconfortée, mais il me sera bien difficile de faire illusion ce soir au gala.

Samedi 13 juin, 17 heures.

Nous nous sommes couchées à 3 heures du matin. Comme d'habitude ! Il faut savoir que lors d'un gala la soirée ne consiste pas seulement à défiler pendant quarante-cinq minutes. Il y a d'abord l'élection, puis nos spectacles sur scène pendant la délibération du jury. Viennent ensuite les résultats de l'élection, la remise des écharpes. Pendant ce temps, en coulisses, nous rangeons robes et accessoires dans les malles... que nous chargeons nous-mêmes dans la voiture ! Après l'élection d'une Miss régionale, pas question de filer en douce. Il faut discuter avec tout le monde, signer des autographes, puis dîner avec les organisateurs, vers minuit en général, voire plus tard ! On rentre donc rarement à l'hôtel avant 1 h 30 du matin.

Une nuit courte puisqu'il faut se lever tôt pour gagner une nouvelle destination, pour un nouveau gala. On peut appliquer ce planning à l'année sans risquer de se tromper. J'ai d'ailleurs demandé à François d'arrêter de m'envoyer les fax. Trop déprimant de savoir à l'avance que je ne vais dormir que cinq ou six heures ! Ce qui devrait être encore le cas ce soir. Après Dax, nous passons la soirée à Angoulême, pour l'élection de Miss Angoumois.

Dimanche 14 juin, 10 h 30.

Pas de répit pour les braves ! D'Angoulême, je suis rentrée chez moi dans la nuit, pour être présente en fin de matinée à Cattenom, près de Metz, où je dois donner le départ du Triathlon EDF. Mes parents m'ont accompagnée et m'ont fait une belle surprise : un chaton, sosie de mon cher Homère disparu.

Voici quatre jours, François m'a faxé des informations très utiles à la rédaction d'un petit discours avant la remise des prix, prévue à 18 heures. Je sais ainsi qui organise le triathlon, quelles sont les différentes épreuves, les personnalités présentes et les remerciements à adresser. Tout le monde est servi. Et tout le monde est content !

Demain je n'ai rien au programme. Repos.

Mardi 16 juin, 15 heures.

Départ pour La Rochelle. Mais pas pour un gala. Je participe au jeu télévisé de France 2 *Fort Boyard*. On m'a choisie pour devenir le coach de l'équipe, son entraîneur. Les gains récoltés iront à l'association « Nez Rouge ». J'espère que mes coéquipiers seront motivés !

20 heures.

J'ai fait la connaissance de mes partenaires de jeu, Marie-Pierre Leray, une championne de patinage, ainsi que Littia, Dre, Carry et Jay, du groupe Poetic Lovers. Le dîner nous sert à nous familiariser avec les fameuses énigmes du père Fourras. Celles qui sont utilisées pour le test sont assez simples à déchiffrer... sauf pour mes partenaires ! C'est inquiétant. D'autant qu'en tant que coach je n'ai pas le droit de les résoudre. Attention ! Je veux que mon équipe assure : je suis là pour récolter le plus de gains possible pour mon association.

Mercredi 17 juin, 16 heures.

Ils m'ont déjà tout fait ! Moi qui ai le vertige, j'ai dû exécuter une pirouette au-dessus du vide pour faire le cochon pendu accrochée aux bras d'un homme.

Je ne sais pas plonger ? Ce n'est pas une excuse. Il a fallu que je saute dans l'eau d'une échelle pour récupérer une clé.

Je n'aime pas les serpents ? On m'a fait descendre dans la fosse aux reptiles pour aider un de mes camarades en difficulté. Jusqu'à ce qu'un des serpents me passe sur la jambe. Au secours ! Il y a des limites au courage !

Mes partenaires n'ont guère plus brillé. Résultat : nous ne gagnons pas les milliers de francs mis en jeu. J'enrage, je pleure et je me plains aux organisateurs du manque de fair play de l'émission. On s'est défoncés comme des fous et au final, rien ou pas grand-chose pour les enfants malades. C'est honteux ! C'est mon pire souvenir télé jusqu'à présent.

Je rentre chez moi vers 22 heures, énervée. Non seulement le jeu m'a déçue mais Xavier de Fontenay a piqué une crise. La raison ? Il y a quelques jours, j'ai été personnellement invitée par le groupe Darmon à assister à un match de la Coupe du monde de football, France-Danemark, la semaine prochaine à Lyon. Cette invitation ne concerne pas les Fontenay. Xavier a pourtant obtenu une place par l'intermédiaire de Didier Six, un ancien joueur professionnel, mais il est jaloux que j'aille au match en avion privé en compagnie de Patrick Bruel. La classe ! Mieux que d'y aller en voiture en tout cas. Xavier a fait jouer son titre au Comité Miss France et ses pouvoirs sur moi : il refuse que je parte s'il ne m'accompagne pas, le seul moyen qu'il ait trouvé pour monter à bord. L'ultimatum est clair : nous y allons ensemble ou pas du tout. N'ayant pas envie de prendre le risque de le voir se pointer au décollage pour faire un scandale, je suis obligée de refuser l'invitation. La fin du fax de Geneviève est incroyable : « Je suis très stressée par cette histoire. Il est vrai que vous ne devez pas rester seule dans ce monde masculin et machiste. À demain ma très chère Sophie. »

Elle croit peut-être que Patrick Bruel ou les invités de marque de M. Darmon m'auraient sauté dessus ?

Jeudi 18 juin, 20 heures.

Pour une fois nous ne serons ni en retard ni pressées par le temps pour nous rendre à un gala. Nous sommes arrivées cet après-midi sur la Côte d'Azur, pour l'élection de Miss Côte d'Azur qui aura lieu demain à Antibes. Geneviève, les Miss et moi sommes attablées au restaurant du Palais Maeterlinck de Nice, un superbe établissement réservé à l'élite. Nous sommes invitées à passer la nuit dans l'un des appartements privés du propriétaire. Mme de Fontenay connaît du monde ! Et qui est assis à deux tables de là, tout seul ? Le prince Albert de Monaco en personne. Celui avec qui le journal *France Dimanche* m'avait fiancée en mars dernier. Geneviève saute sur l'occasion pour se lever et aller tirer sa révérence à « Son Altesse ». Elle lui rappelle sûrement l'incident médiatique, puis me fait signe de venir. Je n'en mène pas large.

Comment dois-je l'appeler ? « Mon Altesse » ? Dans le doute, je me contente de lui tendre la main avec un « bonsoir » hésitant. En fait, le prince Albert est très décontracté et timide en même temps. Je me lance :

– Alors, nous avons failli nous marier ?

Je n'ai trouvé que ça de drôle à lui dire pour entamer la conversation. Il rigole. Mme de Fontenay, qui décidément ne perd jamais le nord, sort de son sac une carte à mon effigie qu'elle me demande de dédicacer pour le prince. J'en rougis de honte ! Le dîner terminé, le prince Albert me rattrape avant la sortie du restaurant :

– Vous avez oublié la clé de votre chambre sur ma table. Bonsoir.

22 heures.

Le téléphone sonne dans la chambre que je partage avec Séverine, ma copine Miss Top Model of the World 96. Séverine répond et me tend l'appareil :

– Vous êtes toujours accompagnée de Mme de Fontenay ? demande une voix masculine.

– Qui est à l'appareil ?

– On ne peut jamais vous voir seule ? Vous êtes toujours avec elle ?

– Qui est à l'appareil, s'il vous plaît !

– C'est moi, le prince Albert.

– Bien sûr ! Comme si j'allais le croire. Arrêtez vos blagues.

C'est sans doute quelqu'un de la réception qui s'amuse, et pourtant... si c'était vraiment le prince Albert ?

– À votre avis, comment ai-je fait pour obtenir votre numéro de chambre ? C'est parce que vous avez oublié vos clés sur ma table en partant. J'ai regardé le numéro.

– Oui, mais bon, vous auriez pu voir la scène de loin.

Mais je sais déjà que c'est lui. Le vrai prince Albert ! Je ne vais pas m'en sortir si je continue à chercher des excuses.

– Si vous êtes de nouveau de passage à Monaco, prévenez-moi. J'aimerais vous inviter au palais. On se reverra peut-être, nous envisageons d'accueillir l'élection de Miss Univers. Bonne nuit.

En raccrochant, je suis paniquée, comme lors du premier rendez-vous avec les faux représentants d'Albert. Mais là, c'est le vrai qui m'a appelée ! Peut-on refuser l'invitation d'un prince ?

Vendredi 19 juin, 10 heures.

Je passe la matinée à faire des photos au Palais Maeterlinck pour *Télé 7 Jours*. L'occasion de prendre mon petit déjeuner sur la terrasse de ma chambre avec vue sur la mer, de tester l'eau de la piscine et de me prélasser, allongée sur un transat, près d'un massif fleuri. Bref, la vie de palace !

Le gala, ordinaire, me laissera moins de souvenirs que ma journée au Maeterlinck.

Samedi 20 juin, 9 heures.

J'aime tellement ce palace que je me suis arrangée pour grappiller une matinée de plus.

C'est à regret que je regagne Bar-le-Duc le soir. Mais dès demain, je repars dans un autre hôtel que j'apprécie beaucoup, celui du casino de Contrexéville. Je n'y vais pas pour travailler. Bien que ç'ait été difficile, j'ai réussi à convaincre Mme de Fontenay de m'accorder deux jours de liberté : demain, mon père aura cinquante ans ! Ça vaut bien une petite surprise !

Dimanche 21 juin, 9 heures.

J'ai dit à papa, sans donner trop de détails, qu'il fallait qu'il m'accompagne à une représentation à Contrexéville jusqu'à lundi soir.

– Tu vas voir, le cadre est sympa.

Il a craqué. En arrivant à l'hôtel Cosmos, il tombe nez à nez avec toute la famille et ses amis au grand complet. Le choc ! La joie aussi. Il a compris. Joyeux anniversaire ! Deux jours de farniente loin de son auto-école et, en prime, des cadeaux et des places pour des matchs de la Coupe du monde de football. Il est aux anges !

Mardi 23 juin, 11 heures.

Mauvaise nouvelle. Jean-Luc Delarue m'annonce qu'aucune chaîne ne s'intéresse à notre projet d'émission animalière. Il me reste juste une petite chance sur France 3, en remplacement du *Jardin des bêtes*, éventuellement. Le coup de massue ! Je lui demande de réfléchir à un concept d'émission sur les enfants, autre domaine dans lequel je me sens à l'aise. Quelle déception ! Je découvre que rien n'est simple, en matière de télé, et que même les projets des plus grands producteurs capotent parfois. Pourvu que je reçoive d'autres propositions. Je ne veux pas que mon rêve se brise si vite.

Jeudi 25 juin, 12 heures.

Xavier et Geneviève de Fontenay m'ont rejointe à Nancy pour signer le contrat qui officialise la tenue de l'élection de Miss France 99 dans cette ville. Grâce aux efforts acharnés de François Christin et aux miens, je passerai le flambeau, et ma couronne, chez moi.

Xavier m'en veut toujours pour le match France-Danemark raté hier soir à Lyon. Pas un bonjour, pas un mot... excepté lors du déjeuner. Là, il ne fait pas dans la demi-mesure ! Xavier passe le repas à déclarer que je me prends pour une star qui refuse des contrats télé (France 3), que je ne suis pas douée, que Jean-Luc va me laisser tomber, et qu'il est inadmissible que je prenne deux semaines de vacances cet été, et j'en passe. Il m'annonce même, sur un ton vengeur, une prochaine élection, avec lui, dans une discothèque. Ça va être gai !

20 heures.

J'ouvre la soirée de gala du symposium international Incom 98 à l'Arsenal de Metz. Le discours, que j'ai eu le temps de préparer grâce aux infos envoyées par François, s'adresse cette fois à 500 chercheurs universitaires. M'attendant à une séance de dédicaces encore une fois importante – c'est l'expérience qui rentre ! – pour m'avancer, j'ai commencé à signer quelques cartes en coulisses. Cela n'a servi à rien : personne n'a cru que c'était mon écriture et j'ai dû recommencer sur de nouvelles cartes !

Vendredi 26 juin, 14 h 30.

Fax de Geneviève : l'affaire « Tahiti » revient à l'ordre du jour. Le journal *Gala* confirme sa demande de reportage « montrant Sophie glamour, en vacances, au bord de la plage, sous les cocotiers, sous l'angle : notre Miss France ambassadrice sur nos territoires du bout du monde ». Beau programme ! Le fax précise que, compte tenu du décalage horaire, il faut passer au moins six jours sur place. Je serai hébergée gratuitement à l'hôtel Méridien de Tahiti, courant juillet. Tout semble parfait.

À moi maintenant de poser mes conditions. Je réponds à Geneviève : « Je suis très heureuse d'accepter ce reportage. Seulement, compte tenu de la distance, je souhaiterais rester au moins huit jours sur place entre le 10 et le 20 juillet. Je désire être accompagnée par la personne de mon choix. Si ces conditions sont acceptées, vous avez mon consentement. »

Dimanche 28 juin, journée « Bonne Action ».

Je la passe à Saint-Nicolas-de-Port, dans la Meuse, au sein de l'association « Adultes et enfants infirmes mentaux » (AEIM) qui fête ses quarante ans. François et Babeth, qui sont concernés par le problème car leur fils Hugo est trisomique, m'accompagnent. Tour en calèche, découpe du gâteau, photos, dédicaces, discours, visites des stands, je prends vraiment à cœur mon rôle de Miss France. Moi qui, avant de connaître Hugo, me sentais un peu mal à l'aise face à ces enfants, j'admire aujourd'hui leur joie de vivre et le courage de leurs parents.

Lundi 29 juin, 15 heures.

Affaire « Tahiti », suite. Et encore un fax de Geneviève de Fontenay : « J'ai eu le rédacteur en chef de *Gala* qui est d'accord sur les conditions. Il serait peut-être utile que je vous accompagne n'étant jamais allée à Tahiti et compte tenu du projet que nous avons pour l'année : contacts avec le Comité Miss Tahiti pour l'élection de Miss France 2000. Vous pourriez le demander au rédacteur en chef du magazine. »

Le culot ! C'est à moi de demander à *Gala* d'inviter Geneviève, alors que je comptais y aller avec ma mère ! En plus, si Mme de Fontenay vient, terminées les vacances ! Je sens que je vais passer mon temps à rencontrer les personnalités locales.

Je décide de laisser traîner un peu car une autre histoire,

professionnelle celle-là, me préoccupe. J'ai en effet appris ce matin, dans *Télé 7 Jours* – heureusement que la presse est là pour me tenir au courant ! – qu'Étienne Mougeotte souhaite que je devienne l'animatrice d'un nouveau jeu qu'il compte diffuser en *prime time.* Cette émission s'appellerait *7ᵉ Ciel* et le tournage du pilote serait pour le mois d'août. J'en tombe des nues ! J'avais entendu parler de cette nouvelle émission par Geneviève, mais je croyais n'en être qu'une invitée. Animatrice de jeu ? Ce n'est pas vraiment ce qui m'attire en télé. Évidemment, j'irai quand même. Une telle proposition ne se refuse pas. Ce sera l'occasion de tourner enfin un pilote d'émission et d'essayer de me faire remarquer.

BILAN DU MOIS DE JUIN

– Nuits d'hôtel : 14
– Nuits à la maison : 16
– Passages télé : 6
– Représentations : 20
– Dédicaces : 2 500
– Kilomètres parcourus : 8 400
– Kilos pris : 2 (je les perdrai pendant les vacances qui approchent !)

Vendredi 3 juillet, 14 heures.

Me voici à Benney, dans la Meuse, invitée de la fête de la Bière et des Célibataires. Deux mille personnes m'attendent. Et si j'y croisais l'homme de ma vie ?

L'été ne s'est pas encore vraiment installé dans le coin, balayé pour le moment par un vent violent. Et voilà que l'on me propose un petit tour en montgolfière. Mon baptême de la spécialité. Le voyage est fantastique... l'atterrissage un peu moins ! Car pour faire atterrir une montgolfière, il n'y a pas trente-six façons. Il n'y en a même qu'une seule : couper les gaz et se laisser tomber ! Pas rassurant, d'autant plus qu'au fur et à mesure de notre descente, le vent nous poussait vers une haie... dans laquelle la montgolfière a décidé de s'arrêter ! Je me retrouve vautrée sur un photographe qui avait pris place dans la nacelle. Quelle rigolade !

Samedi 4 juillet, 11 heures.

Après Benney, ma tournée me conduit à Auxon, dans l'Aube. L'équipe de *52 sur la Une* est présente. Elle ne sera pas déçue ! Il fait beau et chaud. Perchée sur la banquette arrière d'une voiture décapotable, je défile à travers un village en ébullition. On m'accueille au son de la fanfare de Virey-sous-Bar, village voisin. Il faut vraiment vivre ce moment une fois dans sa vie ! Les gens courent à côté de la voiture pour me prendre en photo, les enfants sont juchés sur les épaules de leur père, on crie, on applaudit : la fête nationale avant l'heure pour Auxon ! Je coupe le ruban inaugural de la fête du village, entourée par les trois Miss locales : Miss Aube, Miss Champagne et Miss Canton. J'ai envie de pleurer devant tant de gentillesse et d'amour inconditionnel venant de ces inconnus, surtout lorsqu'un ancien poilu insiste pour me faire don de sa médaille militaire. La petite commune a quand même versé une belle somme au Comité pour m'accueillir le temps d'une journée... et marquer pour un bon bout de temps les esprits de ses habitants.

Dimanche 5 juillet, 10 heures.

Lorsqu'on est élue Miss France, on sait qu'un jour où l'autre dans l'année, on devra rendre une visite incontournable à un corps très friand d'honneurs et de jolies filles : l'armée. C'est aujourd'hui que j'y ai droit. Je vais inaugurer la fête aérienne du 3e régiment d'hélicoptères de combat d'Étain, chez moi dans la Meuse. Mes parents sont présents quand l'hélicoptère me dépose sur la base. Encore un baptême du genre. J'en descends dans une tenue qui fait bomber le torse de fierté aux gradés qui m'attendent : j'ai revêtu leur uniforme de pilote sous mon écharpe tricolore. Et je suscite encore plus d'admiration de la part de tous ces hommes lorsque je fais mouche du premier coup à l'occasion d'un petit test de tir au pistolet. Il m'a suffi d'imaginer la tête d'une certaine personne – je vous laisse deviner qui – à la place de la cible ! Bing ! En plein dans le mille. Je suis leur Superwoman ! L'ambiance est très détendue. Sympa, les militaires !

Lundi 6 juillet, 9 heures.

Affaire « Tahiti », suite. Geneviève a téléphoné de Belfort, où elle est en tournée avec deux Miss, pour me féliciter de ma prestation à *Fort Boyard*... mais aussi pour venir aux nouvelles sur le reportage auquel elle souhaite ardemment participer. Je lui réponds par fax.

« Je suis heureuse d'apprendre que vous avez apprécié *Fort Boyard* et que vous allez également à Tahiti. En ce qui concerne cette dernière destination, je ne puis donner de réponse définitive tant que je ne connais pas le planning exact des séances photo. De plus, je souhaiterais une attestation écrite, certifiant que si je vais là-bas avec vous, ce n'est pas pour jouer le rôle de Miss France en représentation, mais celui de Miss France en vacances faisant un sujet pour *Gala.* Tout cela est très important pour moi. Merci beaucoup de votre compréhension. Je vous embrasse bien fort. P-S : je pars pour Paris faire des photos pour *Téléstar.* »

20 h 30.

En rentrant à la maison, je tombe sur la réponse d'une Mme de Fontenay furieuse.

« Rentrant de Belfort, j'ai trouvé votre fax dont les termes autoritaires m'ont sidérée et peinée. Je tiens à vous préciser que c'est la direction du Méridien qui prend en charge les frais du voyage. La contrepartie de ce reportage sera au moins quatre pages dans ce magazine de prestige (*Gala*) et le rêve de votre maman qui se réalisera (ce qui ne semble pas être le vôtre). Rassurez-vous, je n'ai pas l'intention de gâcher vos « vacances », encore que le Comité Miss France serait en droit d'exiger lui aussi une contrepartie. J'espère que ce ne sera pas une corvée pour vous de rencontrer sur place Hinano (votre dauphine), Maëva (Miss France 91) et Miss Tahiti 98 (Mareva Galanter). Vous semblez, chère Sophie, oublier tous les soins attentifs dont vous êtes entourée par moi-même et par Elisabeth et François Christin. Ils ont en effet pris l'initiative, avec l'accord désintéressé du Comité, de vous faire bénéficier de prestations non négligeables à Contrex pour l'anniversaire de votre père, parce que vous êtes Miss France ! J'ai ressenti que vous deveniez une pauvre petite fille gâtée par la nature (le contraire des "Nez Rouge").

Je vous embrasse tristement. P-S : Je me demande si ce voyage est opportun. Je suis très contrariée. »

Là, ça ne passe pas ! Je n'accepte pas ce chantage affectif. Mais Geneviève est toute-puissante. Si elle veut me pourrir la vie, elle en a largement les moyens. De mon côté, j'ai tout à fait le droit de refuser ce voyage à Tahiti. C'est un événement organisé par la presse et non par le Comité. Il va falloir jouer serré.

Mardi 7 juillet, 7 h 45.

Affaire « Tahiti », suite et fin. Mme de Fontenay me fait parvenir un fax de la direction du Méridien de Tahiti, qui commence à en avoir assez de nos hésitations : « Je comprends tout à fait, et adhère au fait que cette proposition de voyage est pour le moins rapide. Il semble que Mlle Thalmann ait des exigences et des impératifs qui apparemment vous contrarient. Aussi je suggère que nous préparions au mieux cet éventuel déplacement à Tahiti, à une date ultérieure... »

Le voyage est annulé ! Geneviève doit m'en vouloir. Je prends à nouveau ma plume pour lui répondre. C'est que je dois la rejoindre jeudi pour l'enregistrement d'une émission sur TF1. Mieux vaut calmer les esprits avant. « Désolée d'apprendre que le voyage à Tahiti ne puisse s'inscrire dans les dates de vacances que vous avez bien voulu m'accorder. Je me réjouis de savoir qu'il sera reporté. Nous pourrons ainsi mieux le préparer, et prévoir un planning qui permettra de visiter l'île et d'honorer de notre présence toutes les personnalités tahitiennes. Peinée de constater que mon message vous a stressée, je vous assure qu'il n'était nullement dans mon intention de vous imposer une conduite concernant ce séjour. Comme je n'ai pu vous en parler de vive voix, les mots du fax n'ont pas traduit ma pensée, qui avait pour seul but de préserver ces quelques jours de vacances. En espérant que vous ne m'en tiendrez pas rigueur. Je vous embrasse bien fort. »

Mercredi 8 juillet, 10 h 30.

Mes mots ont visé juste. Je viens de recevoir sa réponse : « Très chère Miss France, merci pour ce fax qui me soulage ! Restez la Lorraine que j'estime et affectionne. »

Jeudi 9 juillet.

La France est en finale de la Coupe du monde de football ! Contre le Brésil. Une finale de rêve ! À la maison, mon père et mon frère ne parlent plus que de ça. Ils n'oseront jamais me le demander, mais rêvent secrètement que je leur obtienne une place pour l'événement. Ils savent toutefois très bien que cela me sera certainement impossible car même moi, je ne suis pas invitée.

Quoique... me voilà conviée à l'émission spéciale *Tous en finale avec TF1*, de 17 à 19 heures, le dimanche 12 juillet, juste avant la finale. C'est la dernière occasion de décrocher le sésame tant convoité.

Vendredi 10 juillet, 10 heures.

Après l'histoire de Tahiti, il va être plutôt délicat de demander à Geneviève de tout faire pour m'obtenir une place au Stade de France. Je tente quand même le coup :

« Ma chère madame de Fontenay, c'est avec un très grand plaisir que j'assisterai à cette émission pour honorer la France. Mais si seulement il m'était possible d'assister au match ! Je sais que cette émission est très importante car elle sera très regardée. Je vous embrasse bien fort. »

Pas de nouvelles. Je sais pourtant que pour Geneviève le Comité passe avant tout. Elle fera tout pour que les centaines de millions de téléspectateurs à travers le monde voient sa Miss France.

Samedi 11 juillet, 20 heures.

Le fax sonne. Je me précipite. C'est Geneviève : « Je n'ai pas eu de nouvelles d'Isabelle (attachée de presse à TF1) qui n'avait pas beaucoup d'espoir de vous obtenir une place. Comment avez-vous prévu votre venue demain ? À quelle heure arriverez-vous ? J'espère pouvoir vous retrouver à TF1. Je vais regarder Nagui ce soir ! Je vous embrasse affectueusement ainsi que vos parents. »

Tout n'est pas encore perdu. J'ai l'après-midi et l'émission de demain pour obtenir mon billet.

VICTOIRE !

Dimanche 12 juillet, 14 h 30, TF1.

La folie qui règne à TF1 est indescriptible. Pour une chaîne, retransmettre une finale de Coupe du monde est un événement tellement important !

Xavier de Fontenay est présent. Lui non plus n'a pas de place et traîne dans les parages bien décidé à en dénicher une.

17 heures.

L'émission débute. Je n'ai toujours pas de billet pour le match. C'est alors qu'un des journalistes de la rédaction me tend une perche incroyable sur le plateau :

– Alors Sophie, allez-vous assister au match ?

– J'adorerais, mais je n'ai pas de place !

Le message est lancé. Je n'ai plus que trois heures à patienter pour voir s'il a porté ses fruits. Je n'attendrai pas si longtemps. À 19 heures, Isabelle m'interpelle dans un couloir :

– Sophie, une personnalité vient de se désister, nous vous offrons sa place.

Ce n'est pas encore un rêve qui se réalise, ça ?

Pour couronner une soirée placée sous le signe de la victoire, Frédéric Jaillant, l'un des responsables de l'émission *Téléfoot*, vient me voir pendant la soirée qui suit le match :

– Sophie, ça vous intéresserait une chronique dans notre émission dès janvier prochain ? Nous aimerions que vous nous fassiez des reportages, ainsi que des portraits de joueurs et de personnalités du monde du football. Venez, ajoute-t-il, je vais vous présenter à Thierry Roland et à toute l'équipe.

Oubliés les Delarue, Dechavanne et consorts empêtrés dans leurs tractations. Là, c'est TF1, la chaîne nationale leader, qui propose en direct de m'engager. C'est du sérieux. D'un autre côté, le foot reste un univers masculin : une femme, a fortiori une Miss France, pourra-t-elle s'y tailler une place ? N'empêche que je suis très flattée... pour ne pas dire qu'il me semble que je viens de gagner ma Coupe du monde à moi, et que je vais étudier cette proposition très sérieusement.

Je m'en souviendrai toute ma vie de ce 12 juillet !

Lundi 13 juillet, 13 heures.

J'ai fêté la victoire de l'équipe de France sur le Brésil toute la nuit. Du délire. La sonnerie du fax me remet les pieds sur terre. Je sens que je vais passer trois jours à devoir trouver des excuses avant mon départ en vacances prévu le 16 juillet. C'est qu'il va falloir maintenant expliquer à Geneviève comment je me suis retrouvée invitée au Stade de France... et pas Xavier.

« Comme je vous l'ai dit sur votre répondeur, je vous

ai vue à 0 h 15 sur TF1 et j'ai été sensible au fait que vous ayez pu assister à ce match historique grâce au titre de Miss France. Je pense que vous n'avez pas ressenti le désarroi de Xavier qui rêvait lui aussi d'assister à ce match. Nous aurions pu trouver une deuxième place. Peut-être avez-vous eu une attitude blessante vis-à-vis de Xavier, dont j'ai subi les conséquences car il est persuadé que tout était monté contre lui et qu'il était exclu. Xavier apporte beaucoup dans l'organisation Miss France, notamment concernant les cadeaux. Notre collaboration doit se poursuivre dans un climat de sérénité et de transparence. Affectueusement. »

Je prends encore plus de temps que d'habitude pour formuler une réponse. Je n'ai vraiment pas envie de vivre les quatre derniers mois dans la peau d'une Miss France brimée par un Xavier rancunier.

« De retour chez moi, je m'aperçois par votre fax que vous étiez inquiète. Mon portable ne passant pas au Stade de France, je n'ai pu joindre personne, pas même mes parents. On ne m'a pas prévenue à TF1 que vous-même ou votre fils deviez me rejoindre. J'ai aperçu Xavier au cours de l'émission mais j'étais déjà sur le plateau. Quand l'animateur m'a demandé si j'allais assister au match j'ai répondu que j'irais volontiers si une bonne âme voulait se désister. À la fin du direct, j'allais repartir quand Isabelle Labonde m'a dit qu'une personne invitée par TF1 (la chanteuse Axelle Red) venait de renoncer à sa place et que la chaîne m'en faisait bénéficier. En arrivant au Stade de France, j'ai été accueillie par Gérard Louvin et placée dans la loge de Johnny Hallyday et d'Arthur. C'était drôle ! Après le match nous sommes allés au Club France, où j'ai rencontré Laurent Boyer et d'anciens footballeurs lorrains. Je suis rentrée ravie tôt ce matin à l'hôtel, et j'ai préféré prendre le train en fin d'après-midi. Merci de m'avoir permis d'assister à cette émission ne sachant pas que la soirée serait aussi extraordinaire et historique. Je vous embrasse bien fort et j'espère que vous vous portez bien. »

20 h 30.

Réponse de Mme de Fontenay. « Je suis soulagée de savoir que vous êtes bien rentrée et que vous êtes heureuse d'avoir participé à cette soirée historique. Comme je vous l'ai écrit, Xavier m'a rendue responsable, d'une manière véhémente, du fait qu'il n'a pas pu obtenir de place. Après l'émission, l'avez-vous revu ? Je voudrais bien lui passer votre fax avec un complément d'explication afin d'apaiser son irritation. J'aimerais que vous supprimiez la rencontre avec Louvin et Darmon... mettez seulement Johnny et Arthur. Merci d'avance. Avez-vous pu rencontrer Chirac ? »

Elle a compris, ouf ! Comme Geneviève me l'a demandé, je modifie légèrement la fin de mon premier fax et le lui renvoie. Demain, c'est le 14 juillet. Elle ne devrait pas m'écrire. Ensuite, il me restera une journée avant de partir en vacances. En rentrant, tout devrait s'être calmé... normalement.

Mercredi 15 juillet, 13 h 15.

Comme prévu, fax de Geneviève : « Merci très chère Sophie de m'avoir répondu. J'espère comme vous que le temps atténuera les choses. Je vous souhaite de passer de bonnes vacances. Je crois que vous allez rencontrer Miss Belgique ? Ne mangez pas trop de frites ! Je vais profiter de la tranquillité de Saint-Cloud pour attendre les mois de septembre et d'octobre. Aujourd'hui, c'est l'anniversaire de ma petite Adèle (deux ans !). Peut-être pourriez-vous envoyer un fax à Xavier et à sa femme en lui précisant que vous aviez noté la date de naissance de la petite. Ce serait une bonne action. Bien affectueusement, Mamy de Fontenay. »

S'il n'y a que ça pour arranger les choses !

Maintenant, vive les vacances ! Je pars demain avec ma mère au Club Med de Ténérife. Je devrai me plier à une séance photo pour *Gala*, afin de me faire pardonner l'affaire « Tahiti », mais cela nous fera quand même quinze jours de repos. À dans deux semaines.

Du jeudi 16 juillet au dimanche 2 août : vacances !

BILAN DU MOIS DE JUILLET

– Nuits d'hôtel : 5 (sans compter les vacances au Club)
– Nuits à la maison : 10
– Passages télé : 3
– Représentations : 9
– Dédicaces : 600
– Kilomètres parcourus : 1 700 (sans compter l'aller-retour Paris-Ténérife)
– Vacances : 16 jours (au Club)
– Kilos pris : 0 (J'ai même perdu du poids ! Vive le sport en vacances)

Mardi 4 août et mercredi 5 août.

Faute de représentation, j'ai décidé d'aller passer deux jours chez mon amie Sandrine Korman, Miss Belgique 97. Nous allons enfin pouvoir visionner ensemble, et pour la première fois, les nombreuses cassettes que nous avons tournées lors du concours Miss Univers. Avec nos commentaires, la séance devrait être animée... et corrosive ! L'équipe de *52 sur la Une* me suit. Sandrine m'a aussi invitée à venir assister à l'émission qu'elle anime sur RTL-TVI. J'espère que, comme elle, je saurai tirer profit de mon expérience Miss France pour réaliser mes rêves.

Cette prolongation des vacances me fait le plus grand bien et j'ai tout intérêt à en profiter. Car la lecture de mon calendrier de galas et de manifestations jusqu'à la prochaine élection Miss France, m'effraie ! Je n'ai plus un week-end de libre : trente-cinq galas d'élection de Miss à assurer, et déjà une vingtaine de représentations ou de séances de dédicaces retenues.

Vendredi 7 août, 19 heures.

Je signe mon retour aux affaires à Soulac-sur-Mer pour l'élection de Miss Médoc et de Miss Soulac. Pour bien me remettre dans le bain, Mme de Fontenay ne trouve pas mieux que de m'envoyer dormir, par souci d'économie, chez une ancienne Miss Aquitaine. La reprise des activités est dure. J'espère que l'incident Coupe du monde avec son fils est oublié parce que je n'ai pas franchement envie de passer trois mois à coucher chez l'habitant, même si ceux qui m'accueillent sont souvent très gentils. J'apprécie un minimum d'intimité.

Dimanche 9 août.

Depuis mon retour de vacances, les questions des journalistes ont bien changé ! Il y en a de nouvelles, toutes axées sur ma succession :

– Y a-t-il une vie après Miss France ?

– Avez-vous peur de retomber dans l'anonymat ?

– Vous n'êtes pas pressée de passer la main ?

– Qu'allez-vous faire le 13 décembre au matin ?

Je viens à peine de dépasser la moitié de mon mandat qu'on m'enterre déjà. Il me reste tout de même quatre mois et demi de règne, à sillonner la France, et on pense déjà à celle qui me succédera. Ça détruit le moral !

Après une représentation à Objat, village de Corrèze (tirage de tombola) où j'ai frôlé l'insolation dans une décapotable sous 38 °C, me voici maintenant à Brest. Demain, je retrouve Xavier, pour la première fois depuis la finale de la Coupe du monde, à l'occasion d'un gala d'élection. Celui qu'il a lui-même organisé dans une discothèque ! Et, comme à Soulac, je suis à nouveau logée chez l'habitant, pour deux nuits cette fois. L'habitant n'est autre qu'une gentille mamie, propriétaire de la discothèque où aura lieu l'événement. C'est elle qui m'accueille à l'aéroport, flanquée de sa petite-fille, qui a mon âge.

Une bonne nouvelle : mon amie Babou et un copain sont en vacances non loin de là. Je passerai la journée de demain avec eux.

Mardi 11 août, 19 heures.

Geneviève Leblanc nous a rejoints pour le gala. Que fait-elle là ? Xavier assurerait-il déjà la relève de sa mère ? Nos retrouvailles sont glaciales. Xavier n'a manifestement toujours pas digéré le coup de la finale et ne se gêne pas pour me le faire comprendre à table :

– Sans votre écharpe de Miss France vous n'êtes rien. J'ai vu une photo de vous avec le tennisman Cédric Pioline dans les tribunes du Stade de France. La légende désignait Pioline et sa femme Mireille. Personne ne vous connaît ! Sans le Comité vous n'êtes rien.

Chaude introduction ! Il oublie de préciser que la femme de Pioline était bien sur la photo, mais un peu en retrait.

La soirée s'éternise jusqu'à 4 heures du matin – évidemment, dans une boîte de nuit, pas question de défiler à minuit : il n'y aurait personne ! Merci Xavier. En plus, je dois attraper un avion à 6 heures pour Lyon, puis une correspondance pour Nice, où je dormirai chez ma tante. Heureusement, Séverine se dévoue malgré sa fatigue pour me conduire à l'aéroport. Faute de dormir, je vais revoir mes petits cousins, en particulier ma filleule, Pauline, qui vient de fêter ses cinq mois.

Jeudi 13 août, 14 heures.

Je suis sur la plage de Beaulieu-sur-Mer. Pas pour le farniente, malheureusement. Je participe à l'émission *C'est l'été* sur France 3, animée par Julien Lepers. Dire que j'aurais pu me retrouver à sa place si j'avais accepté la proposition de la chaîne. Sans regret. Commenter en direct des concours de tee-shirts mouillés, très peu pour moi. J'aspire à faire autre chose à la télé. Pourvu que *Téléfoot* ne joue pas l'Arlésienne comme le projet Delarue !

Il est temps de reprendre l'avion. Direction Bar-le-Duc, pour un week-end du 15 août en famille.

Lundi 17 août, 11 heures, TF1.

J'assiste à ma première réunion de travail sur l'émission de divertissement *7e Ciel*, dont je dois prochainement tourner le pilote en tant que coanimatrice avec Pascal Gigot, un animateur radio et comique issu de NRJ. Le principe du jeu est simple : deux couples sont placés dans un décor représentant les différentes pièces d'une maison. Chaque bonne réponse les fait passer de pièce en pièce, jusqu'à la dernière, située à l'étage : le 7e ciel ! Afin de visualiser encore mieux les choses, les producteurs nous passent l'enregistrement d'un premier pilote tourné avec Valérie Payet, ex-animatrice de *Nulle Part Ailleurs*, sur Canal+. La production nous précise que ce pilote n'a pas satisfait entièrement la chaîne, d'où notre présence. La pression d'entrée de jeu ! Nous prenons rendez-vous pour le tournage, le 26 août, à mon retour de l'élection de Miss Réunion.

Mardi 18 août, 19 h 30.

Je signe mon retour à Neufchâteau dans les Vosges ! Mauvais souvenir : j'y avais passé l'un des pires moments de ma vie de Miss en ne visitant pas moins de dix-neuf magasins dans la journée !

Aujourd'hui, je n'ai eu qu'une représentation à assurer

de 15 à 19 heures, pour une séance de dédicaces. Vu tout ce que j'avais signé lors de mon premier passage, cette séance a été plus calme. Ils avaient déjà tous mon autographe ! J'ai quand même paraphé 500 cartes.

Ce soir, je participe au gala d'élection de Miss Vosges, ainsi qu'à une intronisation gourmande dans la confrérie de la Tourte... arrosée de vin de Chablis ! Ça promet !

Et après-demain, je m'envole pour la Réunion. Quatre jours pour préparer et participer au gala d'élection de la Miss locale.

Du jeudi 20 août au mardi 25 août, la Réunion.

L'élection de Miss Réunion représente le grand événement de l'année sur l'île. Elle est retransmise en direct par RFO, comme pour Miss France ! C'est pourquoi nous arrivons trois jours avant le show pour les répétitions, en compagnie de Xavier de Fontenay et de Geneviève Leblanc, qui a remplacé au pied levé Mme de Fontenay, bien trop occupée à préparer la future soirée Miss France 99 de Nancy !

Ma présence est tellement prise au sérieux, que, depuis que j'ai débarqué, un garde du corps ne me lâche pas d'une semelle. Il s'appelle Olivier et il est le sosie de l'acteur Jean-Claude Van Damme. Un garde du corps très zélé : je n'entre jamais dans ma chambre d'hôtel sans qu'il ait vérifié sous le lit ! Dans la rue ou sur le marché, il est collé à moi. On se croirait au cinéma. Un garde du corps qui ne rechignerait pas à m'offrir une protection encore plus rapprochée, si j'en juge par la manière dont il me regarde...

Le programme du séjour est partagé entre répétitions

et réceptions en tout genre. Apéritif matinal dans une banque, interviews sur Radio France Internationale, et surtout journal télévisé en direct sur RFO. C'est la première fois que je suis invitée à un JT en direct. Si j'ai fait l'objet de nombreux reportages dans les JT des chaînes nationales, jamais je n'y ai participé en direct. Et un journal télévisé à la Réunion, ce n'est pas celui de PPDA ! Il se déroule en public. Dans ce mini-public, j'ai un fan, aisément reconnaissable puisqu'il brandit sur une grande feuille blanche son numéro de téléphone pendant toute la durée du journal ! Exotique.

Il ne manque plus à mon palmarès des honneurs qu'une invitation à l'Élysée. Je ne comprends pas pourquoi le président de la République ne reçoit jamais Miss France. Nous représentons pourtant le pays en France et à l'étranger pendant un an. J'aurais bien aimé rencontrer Jacques Chirac.

Après trois jours de répétitions, le show, animé par Xavier, est plutôt réussi. J'ai défilé avec une parure de bijoux estimée à 100 000 francs. Je garderai les photos, car je ne suis pas près de m'en offrir une comme ça... Tout se termine vers 2 heures du matin.

Le réveil pour le départ vers Paris est douloureux. Non pas que je manque de sommeil, ça je commence à y être habituée, mais simplement parce que Xavier m'annonce que je ne serai pas payée pour cette prestation !

– Le Comité ne gagne rien en venant ici, c'est du bénévolat.

Il me prend pour une idiote ! Décidément, le mois d'août n'aura pas été très cordial entre le Comité et moi.

Mercredi 26 août, 11 heures.

Je suis à pied d'œuvre pour les répétitions de *7e Ciel* et j'ai le trac. Je dois sauter sur l'occasion de montrer aux dirigeants de TF1 présents en coulisses ce dont je suis capable à l'antenne. Si ça pouvait leur donner d'autres idées d'émissions à me confier ! Pascal Gigot, pourtant plus habitué que moi à ce genre d'exercice, n'est pas mieux. Nous regardons fébrilement et attentivement les fiches préparées par la production pour découvrir nos textes.

17 heures.

Le tournage a pris du retard. Je traîne dans les couloirs des studios. J'y rencontre Pascal Olmeta, gardien de but corse, ancien joueur de l'Olympique de Marseille, qui participe dans le studio voisin à l'enregistrement d'*Une famille en or*. Il est très sympa :

– Demain, je vais en Corse pour l'élection de Miss Corse.

– Je repars aussi demain, on voyagera ensemble !

Rendez-vous est pris à l'aéroport. C'est maintenant à moi d'entrer en scène. Personne ne nous a expliqué comment présenter les candidats du jeu alors j'improvise en me rappelant la façon que les animateurs avaient de me présenter. Comme quoi, même en tant qu'invitée, j'ai retenu quelques leçons de mes passages télé ! Les candidats, eux, sont à l'aise. Ce sont des habitués des tournages de pilotes. On choisit toujours les mêmes quand il y en a un. Leur bonne connaissance du fonctionnement de ces enregistrements me rassure. Au moins, je n'ai pas à gérer d'imprévus avec eux ! Mais tout se met à marcher de travers : dans mon oreillette, je reçois les instructions destinées à Pascal Gigot, et inversement. Nous ne posons donc jamais les mêmes questions. Ni les bonnes d'ailleurs ! À se demander s'ils ne le font pas exprès en régie ! Ça finit par s'arranger sur la fin. Le jeu est terminé. Il est 0 h 30. Mme de Fontenay, qui n'a pas loupé une seconde de cet événement, me félicite chaleureusement :

– Sophie, bravo, votre avenir télé est assuré !

Je n'en suis pas aussi convaincue qu'elle. Mais si elle pouvait dire vrai...

Jeudi 27 août, 9 heures.

Départ pour la Corse avec Séverine, Miss Top Model of the World 96, et Xavier de Fontenay, qui remplace une fois encore Geneviève. Un Xavier qui me complimente sur ma prestation lors du pilote de TF1. Je n'en crois pas mes oreilles ! Je suis sûre qu'il aura bientôt quelque chose à me demander.

J'ai retrouvé Pascal Olmeta au comptoir d'enregistrement. J'ai comme l'impression que ma copine Séverine ne le laisse pas indifférent... Il nous invite discrètement toutes les deux à passer l'après-midi chez lui, pour faire du jet-ski, histoire de nous occuper jusqu'à l'élection de Miss Corse.

Nous passons une journée géniale. Je sens que Séverine, elle-aussi, commence à apprécier de plus en plus le footballeur corse. Il a même accepté d'être membre du jury, ce soir. Histoire d'amour en vue ! Mon intuition féminine ne me trompe pas.

Vendredi 28 août, 10 heures.

Entre Séverine et Pascal, c'est le vrai coup de foudre. Ce qui nous permet de passer une journée de plus chez lui. De toute manière, je n'ai rien à faire demain. Xavier est reparti pour Paris. Quartier libre pour une nouvelle journée de jet-ski et de balades dans les magnifiques criques de l'île de Beauté Je rentrerai ce soir à Bar-le-Duc. Seule. Séverine va prolonger son séjour encore un peu. Je la comprends !

Samedi 29 août, 11 heures.

Il y a des moments où je me demande pourquoi on m'invite à des manifestations ! C'est le cas aujourd'hui, à la foire de Châlons-en-Champagne que je suis censée inaugurer. J'arrive avec trois minutes de retard. On ne m'a même pas attendue pour couper le ruban inaugural ! Je reviens pour 14 heures afin d'assurer une séance de dédicaces de deux heures. Encore 300 cartes qui s'envolent. Je suis heureuse de voir, malgré tous les articles qui parlent déjà de ma succession, que les Français ne m'ont pas encore oubliée.

Lundi 31 août, 16 heures.

Depuis quelques semaines, Xavier insiste pour que je rédige un résumé mois par mois des grands moments de mon année. Résumé destiné à être publié à l'intérieur du programme de la prochaine élection Miss France. Je n'ai toujours pas eu le temps de le faire.

Ce matin, il a réitéré sa demande. Ah, c'est pour ça qu'il

m'avait complimentée avant notre départ en Corse ! Je lui réponds par fax.

« Je comprends que vous souhaitiez recevoir quelques lignes personnelles et mensuelles concernant cette année 98, et je trouve l'idée excellente. J'ai déjà essayé de m'y atteler à plusieurs reprises sans grand succès, étant donné qu'il me faut un minimum de temps devant moi pour pouvoir me concentrer sur chaque mois de l'année et refaire le point de manière chronologique. Or le tourbillon dans lequel je suis prise ne m'en laisse guère le loisir. De plus, le programme de fin d'année s'accélérant, je ne vois pas comment je pourrais le faire de manière cohérente. Croyez bien que si vous m'aviez soumis l'idée en tout début d'année, je l'aurai acceptée avec grand plaisir. Il aurait été facile à ce moment de le faire chaque semaine, quand les souvenirs étaient encore tout frais. Par contre, j'ai déjà pensé qu'il faudrait certainement vous faire parvenir prochainement la lettre de bilan de l'année 98, comme ont dû le faire les autres Miss. Vous remerciant de votre compréhension, je vous souhaite une bonne journée. »

BILAN DU MOIS D'AOÛT

– Nuits d'hôtel (ou chez l'habitant) : 20
– Nuits à la maison : 11
– Passages télé : 3
– Représentations : plus de 20
– Dédicaces : 3 000
– Kilomètres parcourus : 5 000 (sans l'aller-retour Paris-la Réunion)
– Kilos pris : 1

Mercredi 2 septembre, 13 h 54.

Xavier m'attend à la descente du train à la gare de l'Est. Non, ce n'est pas un mirage ! C'est bien lui... accompagné d'une équipe de l'émission de Thierry Ardisson *Tout le monde en parle*, sur France 2. Je me disais aussi que ce n'était pas pour mes beaux yeux qu'il avait fait l'effort d'être là ! Il a simplement envie de passer à la télé.

Nous partons pour Morvillars afin d'animer le gala d'élection de Miss Franche-Comté et de Miss Territoire de Belfort. Ce n'est toujours pas le grand amour entre Xavier et moi. Les journalistes, qui s'en rendent compte, aimeraient bien faire monter la mayonnaise. Mais je ne joue pas le jeu. Pas envie d'aggraver la situation.

Le soir, plus de 1 000 personnes font mentir Xavier sur ma popularité censément « en perte de vitesse ». Un beau spectacle, apprécié par Geneviève, qui nous avait rejoints dans la soirée.

Y A-T-IL UNE VIE APRÈS MISS FRANCE ?

Vendredi 4 septembre, 12 heures.

Je suis de retour chez moi. Geneviève m'a rejointe. Nous devons aller déjeuner à la maison de retraite Saint-Max, le fameux établissement où personne n'avait fait attention à moi en janvier. Mais aujourd'hui, les personnes âgées me reconnaissent, sont adorables, me parlent, me demandent des dédicaces, et s'inquiètent de connaître mon moral pour ce soir.

C'est que se soir, et c'est dans toute la presse locale, je serai à Verdun pour participer au gala de Miss Meuse. Là où l'aventure a commencé pour moi il y a deux ans. Je ne suis pas nostalgique, mais une fois sur scène, il va falloir être forte pour ne pas craquer ! Pour l'heure, c'est plutôt un fou rire qui me gagne. Le chef cuisinier a préparé une quiche lorraine à l'attention de Mme de Fontenay. Quiche – du moins ce qu'il en reste après le déjeuner – que Geneviève a décidé de ramener chez elle. Ce n'est pas la première fois qu'elle fait le coup. Elle est même une habituée de la chose. Impossible pour elle de sortir d'un déjeuner ou d'un dîner sans emporter les restes. Tout y est passé depuis six mois : quiche, tourte, morceaux de fromage (dont un énorme brie), mais aussi desserts en tout genre, pommes et autres fruits divers, chocolats, bonbons, madeleines, et même des morceaux de pain ! Et elle ne se gêne jamais pour demander une boîte à cet effet. Et quand il n'y en a pas, les victuailles vont directement dans son grand sac à main. On trouve toujours à manger dans son sac. Parfois j'ai un peu honte pour elle, mais en même temps cette manie me fait beaucoup rire. On croirait qu'elle a peur de manquer !

21 heures.

Le spectacle est, comme prévu, particulier. Toutes mes copines ont payé les 50 francs de droit d'entrée pour me soutenir, m'acclamer. Avec l'expérience, je danse de mieux en mieux. Je me fais vraiment plaisir ce soir. En plus les Meusiens sont gâtés puisque je défile avec deux beautés : Miss Martinique, ma première dauphine, et ma copine Séverine, toujours amoureuse de Pascal Olmeta. La soirée se termine à 2 heures. Ce fut l'une des plus belles jusqu'à présent. Et je n'ai pas pleuré comme une madeleine à l'heure de remettre l'écharpe à la nouvelle Miss Meuse.

Samedi 5 septembre, 11 heures.

Il fallait bien que ça arrive un jour, à force d'accumuler les kilomètres à travers le pays : nous sommes tombées en panne de voiture entre Verdun et Nancy ! Imaginez le tableau : Mme de Fontenay en talons et chapeau, Miss France et trois superbes Miss errant comme des âmes en peine autour de leur voiture, au bord d'une nationale. Je sors mon téléphone portable, bien décidée à prendre les choses en main :

– Allô, Peugeot Assistance ? Bonjour, c'est Miss France, je suis avec Mme de Fontenay, notre 806 est tombée en panne. Vous êtes le sponsor officiel et ce soir nous avons un gala à 18 heures en Alsace. Il nous faut une autre voiture.

J'imagine la tête du gars à l'autre bout du fil ! Heureusement, il m'a crue. Et nous arrivons à Hagenthal à l'heure pour l'élection de Miss Alsace. Une soirée interminable. Je rejoins mon hôtel à Nancy vers 4 h 30 du matin. Et demain j'ai accepté deux représentations, dont une gratuite à l'hippodrome de Vittel, afin de remercier les propriétaires de l'hôtel de Contrexéville d'avoir accueilli ma famille lors de l'anniversaire de mon père. Je leur dois bien ce petit service.

L'autre manifestation sera plus détendue : j'inaugure l'exposition canine de Bar-le-Duc. L'occasion pour ma chienne Jockie de revoir sa mère, inscrite à l'exposition.

Lundi 7 septembre, 12 heures.

Je n'en crois pas mes yeux : le taxi m'a abandonnée en plein Paris ! Mon trajet était trop long pour lui. Incroyable ! J'ai rendez-vous pour déjeuner avec un producteur dans un club de golf à la sortie de la capitale. Babeth et François Christin, eux aussi invités, font un détour et viennent me chercher.

En arrivant sur le chemin qui conduit au restaurant du club, une camionnette nous barre le passage. Le conducteur est affolé : il vient de perdre en route toute sa cargaison de balles de golf. Il y en a partout !

– C'est digne de la caméra cachée, ça, non ?

François et Babeth sourient.

– Sophie, arrête d'être parano. Tu vois des caméras cachées partout !

Nous avons pu atteindre le restaurant. Nous sommes à table lorsque soudain, par la baie vitrée, j'aperçois un char d'assaut qui laboure le parcours de golf ! Mais qu'est-ce que c'est que cette histoire ? Comme à chaque fois qu'il m'arrive un événement difficile à admettre, je scrute tout autour de moi... et j'aperçois un micro dans un caddie de golfeur, juste à côté de moi.

– *C'est* la caméra cachée, je vous dis. Regardez, ça ressemble à un micro, là ! En plus il y a marqué « victime » dessus (c'est discret).

– Mais non, Sophie. Ne touche pas à ça !

Babeth, soucieuse de l'intrusion de ce char, m'invite à aller le voir de plus près. Je n'ai pas envie. Ça sent le piège à plein nez ! Elle y va seule, monte sur l'engin, et pénètre à l'intérieur, sans se présenter au pilote du véhicule. Le détail qui tue ! Babeth est trop bien élevée pour ne pas dire bonjour. J'appelle mes parents du portable :

– Dites, vous n'êtes pas au courant d'un piège ou d'une caméra cachée dont je serais la cible aujourd'hui ?

– Non.

J'ai à peine raccroché qu'un bruit de canon retentit. Le char a pulvérisé la camionnette qui nous barrait la route lorsque nous sommes arrivés ! Le chauffeur arrive affolé en hurlant dans le restaurant. Cette fois, c'est trop gros ! La supercherie est démasquée. L'équipe de *Surprise sur prise* apparaît alors.

– Décidément, on ne vous piégera jamais, Sophie.

J'étais heureuse de n'être pas tombée dans le panneau. Je l'étais moins en revanche, quelques jours plus tard, lorsque j'ai vu l'émission. Corinne Touzet, actrice de téléfilms sur TF1, s'est fait prendre au même piège que moi... et elle y a cru ! C'est donc elle qui a eu les honneurs de la diffusion. Il faut savoir que *Surprise sur prise* tente systématiquement de piéger deux personnalités avec le même sketch et diffuse celui où la victime a le mieux marché.

Jeudi 10 septembre, 20 heures.

Depuis deux jours, je vis à cent à l'heure, de représentation en représentation : lancement de la Peugeot 206 à Deauville, nuit au château de Sassetot, dit le château de Sissi, remise de trophées aux pilotes vainqueurs du rallye de la Meuse, tournage d'un spot Bergère de France pour le *Télé Shopping*, et ce soir, gala d'élection de Miss Paris devant un parterre de personnalités, et les caméras de *52 sur la Une*.

Au cours de cette soirée, j'apprends que Xavier ne veut pas que je me rende en Martinique, prochain lieu de rendez-vous des Miss pour les photos et le tournage des clips de présentation avant l'élection. Chaque année, pourtant, la Miss France en exercice est présente pour encadrer et conseiller celles qui se disputeront sa couronne deux semaines plus tard. L'an dernier, à Saint-Martin, Patricia Spéhar, Miss France 97, avait assumé ce rôle. Je n'ai pas l'intention de laisser Xavier m'écarter de ce voyage. D'ailleurs, les Miss n'apprécieraient pas que je leur fasse faux bond : les soutenir pendant cette étape préliminaire du concours fait partie de mon rôle.

Vendredi 11 septembre, 10 heures.

J'ai le programme du week-end entre les mains. Chargé ! Au menu : clip pour l'UNICEF, photos pour le magazine *Oh Là*, puis déplacement en voiture vers la ville du Pin, pour l'élection de Miss Pays de Loire, puis voiture à nouveau pour Lannion, où se déroule l'élection de Miss Bretagne. Et dimanche, en fin de matinée, la cerise sur le gâteau : la finale du championnat des Labours de Vittel ! Sans compter d'éventuelles prestations surprises que je découvre souvent une fois sur place.

Dimanche 13 septembre, 11 h 30.

Il y a des moments où on n'arrive pas à croire qu'être Miss France c'est aussi ça. Par « ça », j'entends ma présence au championnat national des Labours, à Vittel.

J'arrive tout droit de Bretagne, je n'ai pas dormi de la nuit car le gala d'hier s'est achevé très tard. Et il pleut à seaux. Cette pluie a transformé le chapiteau de plein air – ce que les organisateurs appellent le village vosgien – en un bourbier innommable où pataugent près de 5 000 personnes. François Christin m'a passé des bottes en caoutchouc, peu esthétiques certes, mais plus efficaces que les chaussures à talons que s'entête à me faire porter Geneviève. J'ai enfilé un pantalon, un blouson en cuir et un anorak par-dessus, ce qui ne m'empêche pas d'être frigorifiée et trempée au fur et à mesure de la visite des stands et des arrêts pour les dédicaces diverses. En plus, abritée sous un grand parapluie, je ne vois personne ! Mes parents, dans la même galère que moi, entonnent de bon cœur la chanson *Oh la gadoue, la gadoue* que je me mets également à fredonner. Ce qui m'aide à garder un peu d'énergie jusqu'à la remise des trophées.

Je suis épuisée lorsque je m'allonge sur le lit de ma chambre d'hôtel à Nancy. Il faut que je me couche tôt car demain le rythme infernal se poursuit. Et toujours pas de nouvelles de la télé !

Lundi 14 septembre, 11 heures.

Journée gourmande au programme : je suis avec Babeth à Malzéville, en Meurthe-et-Moselle, pour inaugurer et visiter un Salon de fournisseurs de produits et de machines pour boulangers, pâtissiers et chocolatiers. Avant le déjeuner, j'ai déjà goûté à tous les produits : petits pains en tout genre, viennoiseries, chocolats... Ce n'est pas encore aujourd'hui que je vais maigrir ! Je suis bien ici. Je n'ai pas d'autre représentation dans la journée, je peux donc prendre mon temps. Temps libre que j'occupe, l'après-midi, à apprendre à faire du chocolat avec les Meilleurs Ouvriers de France. Un régal ! J'ai encore dû prendre un kilo en fin de journée.

Mercredi 16 septembre, 10 heures.

Je suis en Suisse, à Genève, invitée à visiter les ateliers du joaillier Franck Muller, dont la jet-set internationale s'arrache les montres. Elton John, Phil Collins et Barbra Streisand portent tous ses créations au poignet. Va-t-il m'en offrir une à moi aussi ? Il paraît qu'il faut un an de délai pour obtenir une montre. Tout est conçu à la main, minutieusement, pièce par pièce. Impressionnant. Tellement impressionnant que j'en oublie l'heure de l'émission radio, sur Radio Lac, à laquelle je dois participer.

Petit coup de téléphone portable pour prévenir du retard. Je propose à l'animateur qui s'impatiente dans son studio de commencer l'entretien par téléphone jusqu'à ce que je le rejoigne. C'est original ! L'équipe de *52 sur la Une*, qui m'escorte encore, se montre très satisfaite de cette improvisation.

20 heures.

Pour clore mon séjour helvétique, je participe à une belle soirée de gala. Si la robe que l'on m'a préparée n'est pas tout à fait à mon goût – trop échancrée –, la parure de bijoux que l'on me propose de porter est fabuleuse, incroyablement belle, à la hauteur de son prix : 18 millions de francs. Celle à 100 000 francs que j'avais arborée à la Réunion fait figure de jouet « Bonux » à côté ! Inutile de préciser qu'avec ces millions autour du cou on m'a adjoint la présence permanente de trois gardes du corps. Ils ne risquent pas de me perdre de vue tant je scintille... Je pourrais illuminer la piste à moi toute seule.

Vendredi 18 septembre, 18 heures.

De Suisse, direction Annecy pour l'élection de Miss Savoie. Annecy est la ville de Laure Belleville, Miss France 96. L'avantage pour une Miss en exercice de se rendre dans la ville d'une ex-Miss France ? Ici au moins, tout le monde sait ce qu'est une Miss France ! On me laisse me balader beaucoup plus tranquillement. Je n'attire pas les mêmes regards curieux, je me sens moins observée.

20 heures.

Se produire dans la ville d'une ex-Miss France présente aussi un inconvénient : la soirée d'élection y est moins chaude qu'ailleurs. Non pas que les Savoyards soient blasés d'admirer de belles filles. Non ! Ils savent en revanche que leur Miss Savoie a peu de chance de porter à nouveau la couronne nationale, trois ans à peine après le sacre de Laure Belleville.

Samedi 19 septembre, 12 heures.

Déjeuner chez Miss Pays du Velay. Nous participons toutes les deux au gala de Miss Provence demain après-midi à Avignon. Comme je dois passer à Lyon et que c'est sur sa route, elle a gentiment proposé de m'emmener. Elle me présente son petit ami et me parle aussi de son quotidien de dauphine de Miss France : mannequinat, photos. Rien de bien passionnant. Pourvu que l'on ne m'oublie pas dans les chaînes de télé et dans les maisons de production ! C'est que je n'ai pas envie de faire le mannequin.

Chaque gala est l'occasion de revoir, au moins une fois, toutes les filles qui ont concouru avec moi l'an dernier. Je suis toujours heureuse de les rencontrer, de savoir ce qu'elles sont devenues. J'avais sympathisé avec certaines et beaucoup m'ont envoyé une petite carte de félicitations après l'élection.

Dimanche 20 septembre, 16 h 30.

Je n'aime pas trop les galas du dimanche après-midi L'ambiance n'est vraiment pas la même que pour ceux du samedi soir, plus animés. Le dimanche après-midi, c'est bruyant, et en général les Miss n'ont qu'une envie : que le week end se termine pour rentrer chez elles. Et puis nous sommes dans le sud de la France. Je ne sais pas pourquoi mais les galas dans le Sud sont souvent un peu moins réussis qu'ailleurs, le public un peu moins agréable. Peut-être que la présence permanente du soleil, ainsi que celle de belles filles sur la plage font que les gens apprécient moins notre spectacle. Ce qui ne m'empêche pas de me donner à fond, comme toujours, pour faire plaisir à ceux qui se sont déplacés.

Lundi 21 septembre, 12 h 30.

Coup de tonnerre chez les Fontenay : François, mon délégué, menace de démissionner ! Il ne supporte plus l'attitude de Xavier et de Geneviève à mon égard. Le Comité vient en effet de refuser que je tourne un clip de promotion de l'équipe de France de football en vue des éliminatoires du Championnat d'Europe. C'est le seul moyen que François ait trouvé pour inciter Geneviève à changer d'avis. Mme de Fontenay connaît l'importance de son travail et ne peut envisager une séparation, enfin, pas tant que je serai Miss France ! Le chantage marche. Geneviève cède.

Vendredi 25 septembre, 9 h 30.

Une autre affaire se profile à l'horizon, et non des moindres. Une de ces contrariétés qui, après neuf mois de représentations, d'efforts et de concessions, pourraient bien me faire craquer et tout abandonner.

Je suis invitée le 29 septembre à assister à une représentation du spectacle *Notre-Dame de Paris*. J'adore les comédies musicales et j'écoute en boucle la chanson *Belle*. Je me bats depuis mon intronisation afin qu'elle fasse partie du programme musical des galas. Il est donc hors de question pour moi de refuser cette invitation. Seulement, Geneviève, elle, ne l'entend pas de la même oreille. Elle s'est mis en tête de m'emmener au Salon de l'automobile, sur le stand Peugeot, où, ce soir-là, Claudia Schiffer sera présente. L'occasion d'une belle photo people, à coup sûr reprise dans toute la presse magazine. Un bon coup de pub, seulement, nous ne sommes pas invitées par Peugeot ! Mais Geneviève compte bien se rendre quand même sur le stand. On ne va tout de même pas virer Miss France ?

Je demande une nouvelle fois à François de venir à mon secours. Mme de Fontenay ne veut rien savoir. Tractations, concessions de ma part, rien n'y fait. Si elle ne cède pas, je rends ma couronne ! Geneviève, qui n'a pas envie d'un scandale si près de la fin de mon contrat, finit par fléchir. J'irai voir *Notre-Dame de Paris* ! Enfin, c'est ce qu'elle m'assure maintenant.

Samedi 26 septembre, 14 heures.

Direction Romorantin pour le gala d'élection de Miss Touraine, Miss Sologne et Miss Pays d'Ain. J'apprends en descendant de voiture, que j'ai une représentation à assurer cet après-midi : une séance de dédicaces dans un centre Leclerc. Comme d'habitude, les gens m'accueillent avec gentillesse, m'offrent un petit bracelet, un foulard. Et je signe environ 300 photos.

22 heures.

Pour chauffer l'assistance, pas assez enthousiaste à son goût, le délégué régional a eu l'idée de faire défiler avant nous des danseuses presque nues. Mme de Fontenay, qui n'en avait pas été informée, fait la tête. Moi, en coulisses, je suis morte de rire... mais beaucoup moins sur scène. Heureusement que je ne suis pas cardiaque : les organisateurs ont en effet disposé des petits feux d'artifice au bord de l'estrade pour marquer mon entrée. Je n'étais pas au courant de cette mise en scène. Quelle peur j'ai eue quand tout s'est mis à éclater à mes pieds !

Dimanche 27 septembre, 15 heures.

Nous voilà à Néris-les-Bains pour l'élection de Miss Auvergne. Un gala d'après-midi. Je suis épuisée. Ah si je pouvais retrouver mon lit ! Avec la complicité de Geneviève, je vais réussir à écourter ma présence. Je sens qu'elle aussi veut calmer le jeu. Ça ne sert à rien de se faire la tête jusqu'à la fin. Je presse donc les autres filles, défile à toute vitesse, ne fais que deux passages au lieu des cinq prévus, et m'éclipse rapidement. Deux jours de repos... et une super nouvelle : j'ai officiellement le feu vert pour assister au spectacle de *Notre-Dame de Paris.* Si je n'étais pas aussi crevée, j'en sauterais de joie !

BILAN DU MOIS DE SEPTEMBRE

– Nuits d'hôtel : 15
– Nuits à la maison : 15
– Passages télé : 5
– Représentations : 26

– Dédicaces : 3 500
– Kilomètres parcourus : 6 200
– Kilos pris : 1 (dommage, j'avais pourtant réussi à en perdre deux au début du mois)

Vendredi 2 octobre, 19 heures.

À tirage exceptionnel, animateurs exceptionnels ! Je me retrouve ainsi invitée à tirer les numéros du super Loto en direct de France 2, et en compagnie de Laurent Romejko, le présentateur de la météo et des *Chiffres et des Lettres*. La cagnotte est de cent millions. Énorme ! J'imagine bien ce que je ferais avec tout ça !

Nous avons répété la petite mise en scène, bien huilée, et les trois ou quatre phrases que nous avons à dire à l'antenne. Tout paraît simple. Le voyant rouge de la caméra s'allume. 5, 4, 3, 2, 1 : c'est à moi. Et là... trou de mémoire ! Le vrai trou noir ! Impossible de lancer ma présentation. Et nous sommes en direct ! Laurent Romejko, qui n'avait pas prévu cette éventualité, n'a pas la présence d'esprit de m'aider. Bloquée, gênée, je bafouille une phrase qui me passe par la tête, Laurent enchaîne avec son texte. Cette présentation ne ressemble à rien ! Je retrouve le fil sur la fin.

Je suis sûre que l'idée de savoir qu'un veinard allait empocher cent millions m'a perturbée ! Ce n'est pas parce que je suis Miss France, que je gagne beaucoup d'argent pour mon âge et que je suis couverte de cadeaux que les notions de valeur de l'argent et de travail pour l'obtenir m'ont échappé. Mes parents m'ont toujours inculqué ces réalités. J'ai beau aujourd'hui gagner environ 15 000 à 20 000 francs par mois, je n'ai jamais perdu la tête. Ce n'est pas moi qui gère mes contrats, ma garde-robe n'est pas tellement plus fournie qu'avant, et je n'imagine pas dépenser un jour 5 000 francs pour une robe !

Samedi 3 octobre, 18 heures.

Nous arrivons à Dunkerque pour l'élection de Miss Flandre. Le public de la soirée est comme le temps : assez froid, excepté pour Miss Flandre 97, une de mes dauphines, acclamée comme si c'était elle Miss France ! Ces réactions chauvines ne me font plus beaucoup d'effet. Depuis trois mois environ, j'ai enfin compris que ceux qui se déplacent à un gala pour me voir ne viennent pas pour me juger. Pour eux, j'ai gagné, je n'ai plus rien à prouver, comme je l'ai longtemps cru. Au tout début, à chaque sortie, j'avais peur de mal faire, de ne pas être à la hauteur de mon titre, de décevoir mes admirateurs. Ils me donnent tellement d'amour que je ne suis jamais sûre de leur en apporter autant par un simple sourire, un gala ou une signature. J'ai longtemps été complexée, plus maintenant ! Être Miss France apprend à avoir confiance en soi, et petit à petit on se sent prête à tout affronter.

Une Miss France fait évoluer sa personnalité, mûrit très vite. Quand je revois mes amis, je leur dis toujours que j'ai l'impression d'avoir grandi de quatre ans en une seule année. Et c'est vrai !

2 heures.

Je ne passerai pas la nuit à Dunkerque. Un chauffeur dépêché par TF1 m'attend à l'hôtel. La chaîne tient à ce que je sois présente demain matin à 10 heures comme invitée sur le plateau de *Téléfoot*. Une invitation importante puisque je ferai mieux connaissance avec le fameux Thierry Roland, avec qui Frédéric Jaillant m'a proposé de travailler dès janvier prochain.

Dimanche 4 octobre, 10 heures.

L'émission a lieu en direct. Tout se passe bien. Bonne ambiance, prestation honorable de ma part : je pense que je pourrais fort bien m'intégrer à l'équipe.

19 heures.

Retour à la mairie de Nancy, que je commence à bien connaître, pour un dîner en compagnie de Gérard Longuet, mon valseur du dimanche ! Je n'apprécie plus trop ces dîners de représentation. La première heure, tout se déroule toujours bien, on est l'invitée vedette, tout le monde cherche à savoir ce que ça fait d'être Miss France, et on répond. Une fois leur curiosité satisfaite, les convives parlent entre eux de choses plus sérieuses ou plus professionnelles. On m'a présenté mes voisins de table tellement rapidement que je n'ai pas eu le temps de retenir ni leur nom, ni leur prénom, ni leur profession. À ce moment-là, j'ai le sentiment d'être seule. Tout le monde semble oublier qu'avant d'être Miss France je suis une jeune fille de vingt-deux ans ! Mes goûts ne rejoignent pas toujours ceux de ces adultes qui m'invitent, quadragénaires pour la plupart.

Mercredi 7 octobre, 13 heures.

Je profite de trois jours de repos avant de reprendre le marathon des derniers galas d'élection. L'approche du dénouement de cette année de Miss me fait réfléchir à mon avenir. J'ai très peur que tout s'arrête du jour au lendemain après l'élection de la nouvelle Miss France. Certes, je sais que je devrais normalement intégrer l'équipe de *Téléfoot*. Mais tant que je n'y suis pas... J'attends ce moment avec impatience car une Miss France qui ne réussit pas professionnellement dès la fin de son règne est condamnée à se faire oublier. Elle n'est même pas considérée comme un mannequin reconnu. Et je ne me vois pas tenir un restaurant ou vendre de l'électroménager en faisant du porte-à-porte comme j'ai pu le voir dans un reportage sur les ex-Miss France. Une ancienne Miss peut tout au plus monter une agence de mannequins ou se reconvertir dans la communication, et encore, il lui faut se battre !

Dimanche 11 octobre, 15 heures.

Après Miss Bourgogne, hier soir, je poursuis la série de galas à Vergèze, cette fois-ci pour l'élection de Miss Camargue. Séverine est accompagnée de son amoureux, Pascal Olmeta, qui a une nouvelle fois accepté d'être membre du jury. La belle histoire ! Ça ne m'étonnerait pas que ça se termine par un mariage...

Je ne suis pas en forme, j'ai très peu dormi hier en Bourgogne et je me sens un peu faible. J'ai la tête qui tourne, fatiguée. Je ne vais pas traîner ce soir. J'ai besoin d'être fraîche pour demain. Je serai à Lyon en séance photo pour un catalogue de vêtements.

Lundi 12 octobre.

Expérience surréaliste. Je pose pour le catalogue Mikawa, spécialiste des vêtements pour dames d'un certain âge (à vrai dire je pense que même ma grand-mère les jugerait trop vieillissants pour elle). Moi, en tout cas, je prends trente ans d'un coup au bas mot.

Mercredi 14 octobre.

Hier, Frédéric Jaillant de *Téléfoot* et Serge Richez de *Y'a pas photo* m'ont appelée l'un après l'autre. Chacun d'eux m'a confirmé l'intérêt professionnel qu'il me portait. J'ai déjà choisi en faveur de *Téléfoot*, où l'on m'assure que je pourrai réaliser des reportages. Le rêve reprend forme !

14 heures.

Tous les journalistes m'attendent à Paris, à l'aéroport. Je viens en effet donner le coup d'envoi du match France-Andorre, qualificatif pour l'Euro 2000, ce soir au Stade de France. Je suis la mascotte d'une campagne menée par la Fédération française de football, TF1 et *Télé 7 Jours* et baptisée « La victoire est en elles ». L'objectif : faire aimer le foot aux femmes après la forte fréquentation féminine de la Coupe du monde.

À l'aéroport, Doudou, le photographe de *Télé 7 Jours*, me fait enfiler un maillot conçu spécialement pour l'occasion. J'arrive au Stade de France. Pas dans les tribunes, mais directement sur la pelouse même de l'exploit des champions du monde. Et 80 000 personnes garnissent le stade. Ça fait tout drôle ! Quelle émotion ! Me revoici dans le conte de fées. Ce n'est pas trop tôt ! Ces derniers jours ont été éprouvants.

Mon père et mon frère assistent depuis les tribunes à mon entrée sur le terrain. Une entrée remarquable et remarquée : je donne la main à Jérémy, un enfant de sept ans atteint de leucodystrophie et fou de joie d'être là. Lorsque ses parents m'ont confié, juste avant notre entrée sur le terrain, qu'il est condamné (il succombera en effet à son mal moins d'un an plus tard), j'ai cru fondre en larmes. Quelle affreuse injustice.

Autre fait notable, j'arbore une tenue que tout le monde trouve décontractée et adaptée au public féminin visé, mais que Geneviève risque de ne pas apprécier du tout : tee-shirt, écharpe Miss France dissimulée sous ma chemise, blouson tricolore, baskets, pantalon. C'est qu'il pleut sur Paris. Pas question de m'enfoncer dans la pelouse avec des talons aiguilles !

En rentrant de cette soirée inoubliable, au cours de laquelle j'ai emmené mon frère dans les vestiaires, et revu Robert Pires, je découvre quatre messages sur la boîte vocale de mon portable. C'est Mme de Fontenay. Elle hurle tellement que je distingue à peine ses propos. Je comprends juste que ma tenue l'a mise en colère. J'aurai certainement plus de détails demain, une fois de retour à la maison, où je suis sûre qu'un fax m'attend déjà.

Jeudi 15 octobre, 10 heures.

Comme prévu, un fax de Mme de Fontenay m'attend à Bar-le-Duc. « Très chère Sophie, il est vraiment regrettable d'avoir loupé une si belle occasion de montrer l'écharpe Miss France au milieu du Stade de France et devant 80 000 personnes. Il aurait fallu que vous portiez le maillot Miss France. Votre tenue faisait vraiment débraillée et indigne de vous. Enfin, ce qui est fait est fait. Cela a suscité des réflexions de qui vous savez (Xavier) naturellement. Et ce Thierry Roland qui vous annonce comme étant une ex-Miss France pour couronner le tout. J'espère au moins qu'il y aura de belles photos dans *Télé 7 Jours*. VILAINE !! »

Encore une crise inutile à étouffer dans l'œuf. Je réponds :

« Ma chère madame de Fontenay, suite à votre fax je voulais vous dire qu'en aucun cas je ne voulais vous décevoir ou vous faire mauvais impression. Je vous aime beaucoup trop et j'ai beaucoup trop d'estime pour vous. Il était convenu avec la Fédération française de football que l'on me fournisse une tenue décontractée, adaptée à la situation. Le jogging qu'ils m'avaient réservé était beaucoup trop court de jambes pour moi. J'ai donc dû mettre ma tenue avec leur K-Way multicolore officiel. J'ai voulu leur proposer mon tailleur-pantalon en velours noir mais ils ont trouvé que cela faisait trop sophistiqué pour l'événement... J'avais bien le tee-shirt imprimé Miss France, mais je le portais en dessous de ma chemise, de même que l'écharpe, car il faisait beaucoup trop froid et la pluie n'arrêtait pas de tomber. Si l'écharpe avait été dessus, elle aurait été complètement abîmée. Or vous m'avez suffisamment répété d'en prendre soin et de ne pas l'exposer à la pluie. Personne ne pouvait nous accompagner avec un parapluie sur le terrain car on n'aurait rien vu. Les photos de *Télé 7 Jours* se sont bien passées. J'étais prise dans le tourbillon du stade et, après deux jours de photos sous le froid à Lyon, je n'avais peut-être plus toutes mes facultés. Je vous embrasse bien fort. »

Vendredi 16 octobre.

Grosse émotion en perspective : Jean-Jacques Goldman, l'un de mes chanteurs préférés, est en concert ce soir à Nancy. Je suis invitée à le rencontrer pendant les répétitions avant d'assister à son spectacle !

18 heures.

Je pénètre dans le Zénith de Nancy. La salle est encore déserte. Tout en bas, sur scène, Goldman répète. Je me fais toute petite. Qui suis-je d'ailleurs pour me pointer comme ça alors que l'artiste travaille ? Je n'ose pas descendre à sa rencontre. Je suis très bien là, sur un nuage, seule à écouter répéter un artiste que j'adore. Dire que toutes ses fans attendent dehors ! Je suis une privilégiée... et c'est très agréable.

Le producteur m'aperçoit. Mince ! Il va falloir que j'y aille. Il vient me chercher, me présente à Goldman. Le chanteur, qui n'a pas beaucoup de temps, doit dîner avant le concert et m'invite à sa table, en face de lui. J'en connais beaucoup qui paieraient cher pour de tels moments !

Le concert est génial. Voilà l'un des beaux privilèges accordés aux Miss France : réaliser des rêves !

Samedi 17 octobre, 9 heures.

Je ne suis pas arrivée à bien dormir cette nuit. C'est que ce soir je serai dans la salle des fêtes de Bar-le-Duc pour l'élection de Miss Lorraine, là où le conte de fées s'est vraiment mis en route pour moi. La boucle sera bientôt bouclée.

Je viens de vivre tellement d'émotions depuis quelques jours (Stade de France, Goldman, crises avec Geneviève) que je me sens les nerfs à vif, prête à pleurer à la moindre émotion. Je redoute celle que je vivrai ce soir devant mes amis, ma famille et, particulièrement, lorsque je remettrai le titre de Miss Lorraine à une nouvelle jeune fille.

21 heures.

Cela devait arriver : j'ai craqué sur scène ! Et plus tôt que prévu. Je me suis mise à pleurer de joie d'être ovationnée comme une reine, de tristesse à la pensée que tout ça allait bientôt se terminer, d'anxiété aussi. Tout simultanément ! Ce moment est tellement fort que je n'ai pas pu résister. Je suis même tombée dans les bras de Geneviève, en pleurs elle aussi. Je lui dois les plus beaux moments de ma vie jusqu'à aujourd'hui, les plus fortes émotions, les plus grandes découvertes, et aussi de m'avoir assuré un avenir professionnel, même si tout n'a pas été toujours facile à gérer entre nous deux, Lorraines aux caractères entiers. Ces dix mois ont défilé tellement rapidement.

Dimanche 18 octobre, 10 heures.

Mme de Fontenay vient me chercher à la maison. Ma mère lui a préparé un petit déjeuner local avec les madeleines qu'elle aime tant. Nous partons pour le gala d'élection de Miss Pays du Velay.

Il règne ici la même atmosphère chauvine que pour le

gala Miss Flandre. Le public n'a semble-t-il pas digéré que sa Miss régionale n'ait été que dauphine de Miss France. L'ambiance sur scène est tout autre : j'ai encore oublié d'enfiler un string sous mon collant ! Et cette fois, plutôt que de laisser mes copines découvrir (ou non) cet oubli, je le leur marmonne discrètement tout en exécutant ma chorégraphie. Le public, ce soir-là, a ainsi eu la chance d'assister au gala le plus souriant de l'année. Toutes les Miss, devenues complices de ma situation délicate, défilent le sourire aux lèvres, s'empêchant même de rire aux éclats à l'idée que les spectateurs du premier rang s'aperçoivent de ma tenue légère sous ma robe de mousseline transparente.

Jeudi 22 octobre.

Le programme du week-end ne me surprend plus. Ce soir je serai à Toulouse pour Miss Toulouse, demain à Bergerac pour Miss Périgord, samedi ce sera Miss Charentes et dimanche, Miss Aquitaine à Saint-Loubes.

Lundi 26 octobre.

Franchement, qui va bien pouvoir croire que ma passion est la vie à la ferme et que je suis experte en tonte des moutons ? C'est pourtant ce que je dois faire avaler aux candidats qui se disputent les cadeaux du jeu télévisé *Qui est qui ?*, sur France 2. Et comme le stipulent les règles du jeu, je dois prouver sur le plateau ce que j'avance. Tondeuse à la main, mouton bloqué entre les jambes, me voici donc à l'ouvrage. La pauvre bête ne va pas avoir une super-coupe !

Mardi 27 octobre, 11 heures.

J'ai rendez-vous à TF1 avec Patrick Meney, producteur d'une nouvelle émission baptisée *Succès*. Pour ce magazine consacré aux réussites commerciales et économiques, une sorte de *Capital* relooké par TF1, les producteurs cherchent des chroniqueurs. Je refuse poliment la proposition. J'ai envie de faire des reportages et je me garde bien de dire que *Téléfoot* m'a proposé un poste qui me convient mieux.

À 13 heures, en sortant de chez M. Meney, je me rends au bureau de Frédéric Jaillant, de *Téléfoot*, où je rencontre Jean-Claude Dassier, le directeur des Sports et des opérations spéciales de TF1. Nous parlons de ma future collaboration et de mes premiers reportages. Là, ce n'est plus un rêve, je vais enfin travailler à la télé. Tiens, j'y pense, ça fait longtemps que je n'ai pas eu de nouvelles de Jean-Luc Delarue !

16 heures.

Au cours d'une année de Miss, il y a les représentations dont on pourrait se passer et celles qu'on ne louperait pour rien au monde. Aujourd'hui, je suis invitée à une réception de la seconde catégorie : le Mondial du chocolat. Je suis la marraine de ce Salon de la gourmandise aux côtés de Stéphane Bern. Je dois coanimer avec lui un défilé de mode chocolat. Le couple de l'année ! Pour l'occasion, on m'offre une couronne... en chocolat bien sûr ! Et qui va prendre quelques centaines de grammes supplémentaires ce soir ?

J'ai passé la fin de la journée à me balader entre les

stands et à déguster, sans que Geneviève me voie, tous les chocolats de la Création. Quel régal !

BILAN DU MOIS D'OCTOBRE

– Nuits d'hôtel : 16
– Nuits à la maison : 15
– Passages télé : 4
– Représentations : 20
– Dédicaces : plus de 2 500
– Kilomètres parcourus : 5 800
– Kilos pris : 1 (merci le Salon du chocolat !)

Dimanche 1er novembre.

Hier, j'ai été très fière de mes talents culinaires ! Après avoir assisté à une pièce de théâtre de Jean-Pierre Coffe, le critique gastronomique dont tout le monde redoute les coups de gueule, j'ai dîné avec lui au magnifique château d'Adoménil. Pour l'occasion, et pour tester ma spécialité, j'avais préparé une quiche lorraine. Coffe soutenait qu'il ne fallait pas mettre de gruyère dedans, moi, le contraire. Je lui en ai fait goûter à l'apéritif : il a adoré !

Une journée entière de dédicaces ! Ça faisait longtemps que cela n'était plus inscrit à mon programme. L'oubli est aujourd'hui réparé. Me voici à Épinal, dans le hall de L'Imagerie d'Épinal où, d'après les organisateurs, 30 000 visiteurs sont attendus. Une bonne partie devrait défiler devant mon stand. J'espère que le Comité a prévu un gros stock de photos ! Ils peuvent venir, mon poignet est rodé. Il signe tout seul maintenant. Et hop, un bon millier de cartes !

Jeudi 5 novembre, 17 heures.

Je participe à l'émission *Parole d'Expert*, sur France 3. Ça doit bien être la trentième invitation télé que j'accepte. Geneviève a dû battre des records avec moi ! L'enregistrement terminé, j'emmène ma copine Gaétane au spectacle *Notre-Dame de Paris*, que je revois avec autant de plaisir que la première fois.

Après cette magnifique soirée, nous nous faisons inviter pour la nuit à Paris chez Tania, mon amie journaliste. Demain je partirai de chez Mme de Fontenay pour la soirée d'élection de Miss Hérault. La fin approche... Après ce gala, il ne m'en restera plus que trois à assurer. Et toujours pas de contrat signé...

ADIEU TALONS, BONJOUR CRAMPONS !

Samedi 7 novembre, 10 h 30.

C'est épuisées que nous arrivons dans le nord de la France, à Valenciennes. Hier soir, le gala n'a débuté qu'à minuit, alors que nous étions prêtes à 19 heures ! Nous avons donc peu dormi. Dommage, car aujourd'hui le programme prévoit deux réceptions et l'élection de Miss Picardie.

La première représentation se déroule à Valenciennes. Il est 11 heures. Je suis installée dans la rue avec d'autres Miss et des bénévoles. Il s'agit de vendre des brioches au profit du Lions Club de la région : 20 francs les cinq brioches. J'apprendrai par la presse locale, dès le lendemain, que 25 000 brioches sont parties.

Après cette matinée de bienfaisance et un pot à la mairie avec petits fours et champagne, direction Amiens.

18 heures.

Nouvelle réception à la mairie, re-petits fours et re-champagne. Pas la peine de réserver un resto pour ce soir, j'ai fait le plein ! Il est temps de nous rendre à Saint-Quentin pour élire Miss Picardie. Plus que deux galas.

Samedi 14 novembre, 18 heures.

Je viens de passer la semaine entre quelques représentations, deux jours de repos chez moi à Bar-le-Duc et, hier soir, le gala d'élection de Miss Berry, à Châteauroux.

Mais cette soirée qui commence possède une saveur particulière. Un des moments les plus émouvants de l'année. Je suis dans les coulisses de la salle des fêtes d'Ozoir-la-Ferrière pour l'élection de Miss Île-de-France. Mon dernier gala. La dernière fois que les Français me verront sur scène en tant que Miss France 98 en exercice, avec couronne, robe et écharpe. Bien sûr, mon contrat m'attache au Comité pour une année supplémentaire, m'offrant ainsi la possibilité de renouer avec ces soirées d'élection. Et il me reste à assurer l'élection de ma suppléante le 12 décembre prochain à Nancy. Mais aujourd'hui, je termine un cycle qui fut à la fois enivrant, épuisant, émouvant, étonnant, enrichissant, tant ce tour de France se révéla varié, rapide, jalonné de fous rires et de coups de gueule, de joies et de déceptions parfois.

Ce soir, pourtant, je suis un peu déçue. Pour cette dernière sortie, Mme de Fontenay se montre odieuse avec moi. Je sais cependant que ce gala marque aussi pour elle la fin d'une belle aventure et que ma popularité lui a valu une année plus riche que les précédentes. Je sais aussi qu'elle tient à moi, comme je tiens à elle. Mais on ne peut rien contre la nature ! Introvertie elle est, introvertie elle restera. Ce soir, donc, quelqu'un m'a volé mes chaussures en coulisses. Or je n'ai pas l'intention d'en acheter une nouvelle paire juste pour le défilé. Je n'en ai pas le temps d'ailleurs. Et Geneviève ne veut pas m'en prêter. C'est alors qu'elle me dit tout à trac :

– Sophie, vous ne dites jamais dans vos interviews ni à la télé combien le Comité vous fait gagner dans l'année. Tout le monde a l'impression que c'est moi qui touche cet argent. Sophie, vous êtes radine !

Ce qu'il ne fallait pas me dire ! Moi, radine ? C'est peut-être moi qui emporte tous les restes lors des déjeuners et dîners, qui décide de prendre le bus plutôt que le taxi, qui souhaite dormir chez l'habitant pour ne pas payer l'hôtel ? Mme de Fontenay a la mémoire courte ! Elle oublie aussi qu'en août, pour son anniversaire, je lui ai offert une très belle broche. Jamais je n'avais dépensé autant d'argent pour un cadeau, même pas pour ma mère ! En plus, elle ne l'a jamais portée.

Je suis vexée et triste. Si je ne dis pas à tout va combien je gagne, c'est pour ne pas susciter la jalousie d'un fou qui pourrait se mettre en tête de m'agresser dans la rue. Elle devrait se rappeler, Geneviève, que j'ai pris le train seule toute l'année et sans escorte.

Heureusement, la présence de Séverine, pour qui c'est aussi la dernière, me redonne ma bonne humeur. Nous rions même aux éclats lorsque Miss Île-de-France se met à improviser un show incroyable. Mademoiselle profite de la scène, et de ses dernières minutes de règne avant l'élection de la nouvelle Miss Île-de-France, pour faire la belle, s'asseoir, se relever, tourner. Rien de ce qui était prévu dans sa chorégraphie ! Elle prend son temps et ne se soucie même pas du fait que nous attendons qu'elle termine pour défiler. C'est à moi. Le moment de se lâcher, enfin !

À la fin du gala, je craque. L'émotion ! Je rejoins Mme de Fontenay sur scène et tombe dans ses bras pour un « merci » aussi sincère que reconnaissant. Geneviève ne le montre pas au public, mais elle est très émue.

Je l'admire, Geneviève. Chaque soir, après chaque gala, c'est elle qui range les accessoires dans les malles, qui les charge dans la voiture. Elle a beau avoir des problèmes pour communiquer avec ses protégées, Mme de Fontenay leur consacre tout de même sa vie. Certes, une Miss France a intérêt à avoir un fort caractère pour endurer cette année, mais sans Mme de Fontenay certains de mes rêves ne se seraient jamais réalisés. C'est à tout ça que je pense quand je l'embrasse sur scène. Et croyez-moi, pour un final, c'est émouvant.

Dimanche 15 novembre.

Il me reste un mois à passer dans la peau de Miss France. Je sens que le conte de fées est pourtant déjà terminé. Toutes les Miss régionales ont été élues et se retrouvent aujourd'hui dans le même studio parisien que moi l'an dernier, pour la traditionnelle séance photo de *Télé 7 Jours*. L'histoire se répète, recommence. Un an après, jour pour jour. Si je suis bien présente à cette séance, comme le veut l'usage, j'ai la cruelle sensation d'être de trop. On ne m'attend même pas pour les clichés. Tant pis pour moi si je suis encore au maquillage !

Mon dernier rôle sera d'accompagner toutes ces prétendantes au titre 99, en Martinique, puis à Nancy, pour leur faire part de mon expérience. Bref, je n'ai plus lieu d'exister !

Mardi 17 novembre.

Pour que je n'aie pas à subir une coupure trop nette avec un programme jusqu'à présent surchargé, pour m'éviter aussi de sombrer dans la tristesse et la déception que la fin de cette histoire provoque, François m'a organisé quelques représentations en attendant notre départ pour la Martinique : inauguration de l'office du tourisme de Béthune, animation d'un jeu, « Défi 60 », à Compiègne où je reçois ma quatorzième médaille d'une ville ! Une soirée à Paris, une à Metz, une autre à Nancy. Je suis rassurée de voir que les Français m'aiment toujours. Pendant ce dernier mois avant l'élection de la nouvelle Miss France, j'ai tout de même réalisé un mini-tour de France de Montpellier à Béthune, en passant par Épinal ou Châteauroux et j'ai signé des milliers de photos, de cartes, de serviettes en papier et d'autres supports divers et variés !

Du dimanche 22 novembre au mardi 1er décembre, Martinique.

Que fais-je ici ? Le strict nécessaire, à savoir remonter le moral des filles et participer aux séances photo obligatoires pour le magazine télé. Pas question pour moi de marcher sur les traces de Patricia Spéhar qui, beaucoup trop gentille, avait accepté de jouer les chaperons, l'an dernier. Ah, j'oubliais, je suis aussi là pour subir la vengeance de Xavier de Fontenay, qui n'hésite plus à me réprimander, souvent vulgairement, à chaque fois qu'il trouve l'occasion de le faire. Il est vrai que je lui tends le bâton pour me faire battre en laissant, par exemple, systématiquement toutes les filles se faire maquiller et coiffer avant moi pour les photos. Résultat : j'arrive toujours la dernière, et parfois en retard. Et je me fais engueuler ! Un jour que je suis malencontreusement partie faire une promenade à cheval, il pousse le vice jusqu'à venir me chercher en pleine montagne, en voiture de police tous gyrophares allumés et escorté d'une escouade de motards... juste pour que je réponde à une interview radio ! Une bonne excuse pour se prendre pour un chef d'État, oui !

Pour ne rien arranger, juste au moment où je me trouve en Martinique, j'apprends que la Miss locale, ma première dauphine, vient de remporter la deuxième place au concours de Miss Monde. Autant dire que les Martiniquais, qui m'en voulaient déjà naturellement d'avoir supplanté leur candidate en décembre dernier, ne se gênent pas pour souligner sa supériorité vis-à-vis d'une Miss France qui n'a même pas franchi la première sélection pour Miss Univers... C'est gai.

Heureusement que le stage de préparation se déroulera à Nancy : ils ne vont pas m'y voir beaucoup. Je resterai chez moi, à Bar-le-Duc, en attendant l'élection.

Mercredi 2 décembre, 21 heures.

Pour bien marquer la fin de mon règne, TF1 diffuse ce soir le reportage de *52 sur la Une* qui retrace l'année que je viens de vivre. Pas facile à regarder tant les moments d'émotion, les souvenirs et les rêves devenus réalités resurgissent à un rythme accéléré.

Il est temps de faire le bilan. Je ne suis pas triste car

dans quinze jours je commence sur TF1 comme chroniqueuse à *Téléfoot*. Et j'ai vraiment vécu une année exceptionnelle.

Jeudi 10 décembre, 15 heures.

En jetant un rapide coup d'œil sur les notes prises cette année, je me rends compte d'un fait étonnant : je n'ai jamais parlé d'amour, de sexe, de conquêtes masculines ou d'aventures sans lendemain. Et pour cause, une Miss France – personne ne me croira ! – n'a pas le temps de vivre ces moments, à peine celui d'y penser. Un conseil : mieux vaut ne pas être amoureuse avant d'être élue Miss France. C'est un tue-l'amour garanti ! La somme incroyable d'affection, de compliments, d'amour que l'on reçoit pendant un an est trop forte, trop rapide et répétée, pour qu'une histoire, sauf si elle est hyper sérieuse, y résiste.

Ce n'est pas pour rien que le contrat précise qu'une Miss France doit être célibataire ! Et le petit copain, s'il y en a un, a intérêt à être de bonne composition. S'il n'accepte pas, par jalousie, de rester dans l'ombre et que sa compagne se fasse idolâtrer pendant un an ou draguer par des centaines d'hommes, alors adieu ! On ne peut décemment pas imposer ces conditions à quelqu'un. Être élue Miss France, c'est aussi être propulsée dans une vie active hors du commun. Le décalage devient énorme.

Et quand bien même par force de caractère et/ou par amour, nous résisterions à ce déferlement affectif et à toutes les tentations amoureuses pour rester fidèle à notre chéri « d'avant », il faudrait encore compter avec le programme plus que chargé imposé par le Comité Miss

France. Comment espérer mener une vie de couple normale lorsque que l'on se déplace sans arrêt de ville en ville, dormant chaque soir dans un endroit différent ? Pendant un an, je n'ai pratiquement jamais rencontré deux fois les mêmes personnes.

Il y a pire encore pour le prétendant en place, souvent un jeune de l'âge de sa Miss. Son titre ouvre en effet à celle-ci les portes de catégories sociales ou professionnelles élevées. Elle rencontre ainsi des hommes qui la traitent en princesse et tentent de la charmer par leur maturité, leur assurance, leur métier ou leur munificence. Des adultes pour la plupart. À leur contact, on mûrit plus vite que les autres filles et on s'habitue à la compagnie de gens plus âgés. Pour ma part, très vite, je ne me suis plus imaginé vivre avec un petit copain, encore étudiant, au quotidien bien monotone comparé à celui que l'on m'annonçait pour l'année.

Ce n'est pas pour autant que je suis tombée amoureuse d'un prétendant rencontré dans mes activités de Miss France. Même si, au début, j'ai eu tendance à songer : je suis seule, je vais avoir beaucoup de soupirants à mes pieds, je trouverai facilement l'homme de ma vie... j'ai rapidement déchanté. Comment savoir si on draguait Miss France ou Sophie Thalmann ? M'admirait-on parce que l'on me trouvait belle et intelligente, ou parce que je portais une écharpe ? Voulait-on me séduire par défi, pour faire le fier par rapport aux autres, ou par amour ? Je ne l'ai jamais su !

Mes seuls moments de plaisir, je les ai connus à l'étranger. Là où personne ne savait que j'étais Miss France. Quand on se retournait sur mon passage, je savais alors que ce n'était que pour moi, il n'y avait aucun intérêt en jeu.

J'ai donc passé l'année à me méfier de tout le monde. Du producteur télé, de l'animateur, ou du responsable de chaîne, qui a le pouvoir de me faire « faire de la télé » et qui aurait tendance à me considérer comme un simple faire-valoir apportant de l'audience. Et quand ça ne marche plus, *bye bye !* Je n'ai pas voulu faire confiance à la vedette ni à l'artiste soucieux de s'afficher dans la presse people, pour qui je n'étais qu'une nouvelle proie plongée dans le star system – son terrain de chasse attitré. Je me suis méfiée également du chef d'entreprise et du cadre supérieur pour qui sortir avec une Miss France représenterait une consécration sociale. Sans compter tous ceux qui me prenaient pour une pauvre provinciale arriérée, facile à émerveiller et à séduire.

Enfin, j'ai rencontré des fous, comme ce commandant de bord qui m'avait offert un téléphone portable dont lui seul connaissait le numéro. Il m'appelait sans arrêt. J'ai dû changer la puce pour ne plus l'entendre. Du coup, il m'écrivait tout le temps ! Je n'avais plus qu'une crainte, monter par hasard à bord de l'avion qu'il pilotait. Mon père a dû l'appeler pour qu'il stoppe ses déclarations enflammées et surtout inquiétantes.

Voilà, en partie, les raisons qui font que j'ai passé une année de solitude, souvent difficile à surmonter, aussi bien dans des endroits de rêve où l'on ne pense qu'à partager son bonheur que dans des lieux beaucoup moins idylliques où on préférerait ne pas être seule.

Mais si j'étais tombée amoureuse cette année-là, j'aurais tout fait pour que cela marche...

Samedi 12 décembre, 9 h 30.

Un an jour pour jour que je suis devenue Miss France. Demain matin, une autre fille se pavanera dans une suite de palace. Mais il me reste quand même une dernière journée à vivre dans la peau de Miss France. Mes parents sont bien sûr invités à la passation de pouvoir, ainsi que Nicole, la mère de mon ex-petit copain, car c'est quand même à elle que je dois cette aventure !

Je suis partagée entre deux sentiments : la joie d'avoir mis à profit l'année pour trouver du travail à la télé, et la tristesse que ce conte de fées se termine presque dans l'indifférence. Tout est passé si vite ! Je suis également déçue par Mme de Fontenay qui, depuis l'élection de la nouvelle Miss Lorraine, ne me prête plus guère attention. Trop occupée à règler les derniers détails de la grande soirée.

J'aurais bien aimé coanimer cette cérémonie, histoire de faire la jonction entre mes rêves du début et leur concrétisation dans quinze jours, sur TF1. À ce propos, je prépare aux Fontenay une surprise qu'ils n'apprécieront sans doute pas. Étienne Mougeotte m'a en effet conseillé d'annoncer en direct mon arrivée sur sa chaîne à partir de janvier. Une belle publicité devant des millions de personnes ! L'occasion aussi de prouver qu'une Miss France peut voir ses rêves se réaliser. Jusqu'à présent seuls mes parents et François sont au courant pour *Téléfoot*. J'ai dû cacher l'information à Geneviève, et surtout à Xavier, pour ne pas risquer de les voir mettre leur grain de sel dans cette affaire.

11 heures.

J'ai le programme officiel sous les yeux. Il renferme ma lettre bilan de trois pages essentiellement constituée de remerciements, rédigée le mois dernier à la demande de Xavier. Je la relis, au cas où cela pourrait me servir pour conclure en beauté.

14 heures.

Je passe aux répétitions, histoire de ne pas me faire complètement oublier. Mme de Fontenay ne sait plus où donner de la tête. Tout cela me paraît déjà très loin...

Xavier de Fontenay, lui, ne parle plus que de Mareva Galanter, Miss Tahiti, sa favorite. C'est qu'il se verrait bien organiser l'élection 2000 là-bas, chez la Miss France en titre. Il ne se gêne donc pas pour faire remarquer à tout le monde la beauté de Mareva. Cela fait cinq mois que dure ce petit jeu de l'intox.

Il est temps de se préparer, de passer au maquillage, à la coiffure. Chacun me dit qu'il me regrettera, ce qui réchauffe toujours le cœur. Jean-Pierre Foucault est prêt. Que le spectacle commence ! J'annonce devant quinze millions de téléspectateurs que je vais faire partie de l'équipe de *Téléfoot*. Il y a une vie après Miss France !

23 h 19.

– Miss France 1999 est... Miss Tahiti ! Mareva Galanter !

La foule se lève, applaudit. Les photographes se ruent sur la jeune Tahitienne, sur la tête de qui je pose la couronne – trop grande pour sa tête, celle-ci ne tient pas. Mais ça, vous connaissez déjà !

C'est fini. Je regagne l'ombre des coulisses où cette fois personne ne se précipite sur moi. J'y croise Laure Belleville, Miss France 96.

– Et voilà, Sophie, maintenant tu n'es plus rien !

Je ne veux pas croire les propos qu'elle m'assène. Pourtant, je dois me rendre à l'évidence : j'ai à peine eu le temps de me changer que tout le monde est déjà parti au dîner, sans moi ! On m'a abandonnée là, en coulisses. Laure avait raison.

Il ne reste personne du Comité pour me faire traverser la place Stanislas, encore noire de monde, afin de rejoindre mes parents et mes amis qui m'attendent au restaurant d'en face. On peut donc rayer un an de vie commune en quelques secondes ?

Florent, un styliste encore présent en coulisses, m'accompagne. J'ai mes robes sous le bras, je suis triste et je n'ai aucune envie de signer les autographes que les Nancéiens me demandent pourtant avec toujours autant de sympathie et d'affection. Je n'ai vraiment pas envie de dîner avec tout ce monde. Et comme plus rien ne m'attache maintenant à cette soirée, excepté la présence de mes parents qui m'excuseront, je m'éclipse discrètement. Je rentre à l'hôtel pour déguster un plateau-repas dans ma chambre, sur mon lit, assise en tailleur, avec François et Babeth, mes fidèles compagnons de route.

*

* *

Le carrosse s'est transformé en citrouille, ma robe de princesse en jean et gros pull, mes souliers de bal en baskets, et ma couronne finira sans doute dans un grenier.

Miss France 98 est redevenue Sophie Thalmann. Le conte de fées est terminé, mais le rêve se poursuit. Place à la télé !

REMERCIEMENTS

Tous mes remerciements à Mme de Fontenay, qui m'a guidée dans mon parcours de Miss France.

Merci aussi à Élisabeth et François Christin pour leur fidèle amitié.

Merci à mes parents, à ma famille et à mes amis pour leur soutien sans faille.

Et merci à Nicole, sans qui je n'aurais jamais vécu cette belle aventure.

Je tiens également à remercier :

– tous les partenaires du Comité Miss France pour l'année 1998 : Peugeot, Pequignet, Pirelli, New Gold et Cymbeline ;

– tous les hôtels et restaurants qui m'ont accueillie si chaleureusement, en particulier le Concorde-Saint-Lazare et son directeur, Nicolas Ruyer, l'Hermitage du Frère Joseph au Ventron (Vosges) et l'équipe de Thibault Leduc, le Palais Maeterlinck de Nice et le Château de la Messardière, à Saint-Tropez, ainsi que Jean et Monique Bourgeois de Contrexéville ;

– tous les coiffeurs Saint-Algue, en particulier Cathy et Laurent ;

– tous les organisateurs d'événements et de manifestations commerciales qui m'ont si gentiment reçue, en particulier Martine et Christian Morel de la Mutuelle Stanislas, à Nancy ;

– tous les délégués régionaux du Comité Miss France et tous les organisateurs et collaborateurs bénévoles des galas ;

– tous les producteurs, productrices, animateurs et animatrices qui m'ont invitée dans leurs émissions de radio et de télé – un merci particulier à Jean-Pierre Foucault pour avoir si bien pris ma boutade, le soir de mon élection ;

– tous les maires et les présidents de conseils généraux qui m'ont fait l'honneur de me recevoir dans leur ville ou leur département, en particulier Bertrand Pancher à Bar-le-Duc, et André Rossinot à Nancy, ainsi que Françoise, l'épouse de ce dernier ;

– la presse régionale lorraine, en particulier Alain et Patricia Nicolas de *L'Est Républicain*, à Épinal ;

– et les radios et télévisions locales, France 3 Lorraine et France Bleu Sud Lorraine.

Merci enfin à tous les Lorrains et aux autres Français qui ont voté pour moi.

Et à tous ceux qui m'ont suivie et encouragée depuis la fin 1997.

TABLE DES MATIÈRES

Direction littéraire
Huguette Maure
assistée de
Marie Dreyfuss

Crédit photographique :

- Collection privée de l'auteur : p. 1 haut et bas ; p. 2 haut ; p. 4 bas ; p. 5 centre et bas ; p. 6 ; p. 7.
- Photos Ch. Lartige/Sipa : p. 2 centre et bas ; p. 3 haut et centre ; p. 4 haut et centre ; p. 5 haut ; p. 8.
- p. 3 bas : J. Bourguet/Télé Star.

Composition P.C.A.
44400 – Rezé

Impression réalisée sur CAMERON par

BRODARD & TAUPIN
GROUPE CPI

La Flèche

pour le compte des Éditions Michel Lafon
en juillet 2001

Imprimé en France
Dépôt légal : juillet 2001
N° d'impression : 8563
ISBN : 2-84098-669-8
LAF : 196